DIE VERWANDLUNG

TWENTIETH CENTURY GERMAN TEXTS

TWENTIETH CENTURY TEXTS

Franz Kafka

DIE VERWANDLUNG

Edited by

Dr Peter Hutchinson

Dr Michael Minden

London

First published in this edition in 1985
by Methuen Educational Ltd

Reprinted in 1993, 1994, 1996
by Routledge
11 New Fetter Lane, London EC4P 4EE

Routledge is an International Thomson Publishing company

Text taken from the edition published by
the Kurt Wolff Verlag, Leipzig, 1915
Introduction and Notes © 1985 P. Hutchinson and M. Minden

Printed in Great Britain by Clays Ltd, St Ives plc

British Library Cataloguing in Publication Data

Kafka, Franz
Die Verwandlung. – (Twentieth century texts)
I. Title II. Hutchinson, Peter
III. Minden, M.R.
833'.912[F]   PT2621.A26

ISBN 0–415–09877–7

CONTENTS

PREFACE AND ACKNOWLEDGEMENTS

This edition is intended for use in the sixth form as much as in the first year of university studies, and we should therefore like to acknowledge the co-operation of several school-masters and their pupils in the choice of our Notes and Select Vocabulary. In particular, our thanks are due to Christopher Dean, Ian Huish and Frank Inglis, as well as to Debbie Hewitt and Jessica Jacobson. Kind advice also came from our colleague Ritchie Robertson. At a late stage in our work we learnt of John Hibberd's forthcoming 'Critical Guide' to the text, and we are grateful to that author for generously providing us with his proofs, which allowed us to assure ourselves that there was no serious overlap (nor, surprisingly for Kafka studies, serious disagreement) with his study. Finally, we are grateful to our pupil Kate Bryan, who cheerfully assisted in the final stages of compilation.

Michael Minden
Peter Hutchinson
Cambridge, 1985.

INTRODUCTION

KAFKA'S LIFE

Franz Kafka was born in Prague in 1883, and he remained there, living with his parents for the majority of the time, for most of his life. He died of tuberculosis in 1924. His family was Jewish and he was the eldest of six children: two other boys who died in infancy, and three girls, who perished under the Nazis in the early 1940s.

His father was a relatively prosperous trader who had risen from humble rural beginnings. To his son he appeared a distant, disapproving and unloving figure. He was probably no more and no less than an authoritarian father, typical of his generation, place and culture. There is no doubt, however, that Kafka's perception of his father profoundly coloured his life and his work. His mother was an urban Jewess from a more educated background. Kafka felt some spiritual kinship with the rabbis and Talmudists amongst her forebears, and his own interest in Jewish culture increased during his life. He was deeply impressed by a traditional Yiddish theatre troupe which visited Prague, had some sympathy with Zionism (Jewish nationalism), and became a keen student of Hebrew in his later years.

Kafka's interest in Judaism was not automatic for someone in his position. To be a Jew in Prague in this period involved serious identity problems. As assimilated Jews practising minimum religious observance, Kafka's relations would tend to distance themselves from Judaism, especially as being Jewish stood in the way of that full assimilation which they desired. Hence their sense of Jewish identity would be far from complete. At the same time they remained Jews, and thus prominently enough distinct from the society with which they were partially assimilated. The situation was further complicated by the fact that Prague Czechs would tend to identify the Jews with the prosperous and powerful *German* minority in their midst, whilst, for the Germans, the Jews would always be perceived as Jews, despite their social and linguistic links.

Kafka studied law and graduated in 1906. For the rest of his working life (often interrupted by illness) he worked as a legal expert in insurance. Although he was very good at his job, Kafka regarded it as a major distraction from his literary activity, which he felt was his vocation. He was similarly torn between the demands of his writing and his sense of a need and a duty to be married and found his own family. His attempts to commit himself to such a course resulted only in self-torture and ultimate failure. For many years he entertained the notion of a union with Felice Bauer, an office worker who lived in Berlin and with whom he corresponded copiously, but whom he met so rarely that he can hardly have known her well.

Not all his relationships were as unhappy, however, as those between him and his father or prospective wives. He had many good and close male friends, amongst whom Max Brod, the leading literary figure in Prague circles, was the most prominent. His youngest sister Ottla; his Czech translator, the remarkable Milena Jesenská; and the companion of his last months, the Polish Jewess Dora Dymant, seem to have been the women he knew most intimately and to whom he felt the closest in his life.

Kafka was passionately committed to literature throughout his career, often at the expense of sleep and health.

He did not write only fiction, but diaries and letters in great numbers. Literature represented an alternative reality for him, one might almost say, which opened on to spiritual and religious dimensions. 1912 saw the composition of 'Das Urteil', which really marks the beginning of his famous style and literary vision. During his lifetime only a few works were published (including *Die Verwandlung*). Kafka wished for his manuscripts to be burned after his death, but Max Brod, his literary executor, disobeyed the instruction. Now almost everything Kafka wrote has been collected, edited and published. His world-wide fame really dates from after the Second World War, at which time his work found a very full resonance in the world at large. Since then hardly any writer has been the subject of more literary critical and other sorts of attention than has Kafka.

THE RECEPTION OF KAFKA'S WORKS

Why has the world at large shown so much interest in the private troubles of a rather unhappy inhabitant of Prague?

Although this is a simple question, there is no obviously simple answer. Components of a complex answer would probably include: the peculiar nature of Kafka's literary idiom; Max Brod's devotion and skill as a publicizer; chance; the spiritual needs of this century; the political realities of this century; circumstances in the publishing industry and the academic profession after the Second World War, and so on. Somewhere in all this there must also be an indication of Kafka's genius, which must have consisted largely in giving form to his personal problems and thereby making them accessible to readers. At all events, a mystery remains behind the enormous extent of Kafka's resonance, and it would be distorting not to bear this in mind when surveying its historical development.

Max Brod was responsible for the posthumous publication of Kafka's three novels (or novel fragments), *Amerika, Der Prozeß,* and *Das Schloß* in the 1920s. In the mid–1930s a 'collected works', edited by Brod, appeared and in 1937 Brod's biography of his friend was published. Brod also supplied an interpretation of *Das Schloß*, identifying the mysterious castle as Divine Grace; this was published as a postscript to the text of the novel, accompanied it in its early translations, and was taken as authoritative by early readers of Kafka. The initial reception of Kafka was immensely influenced by Brod.

Kafka's works were quickly translated into several European languages and attracted great interest in avant-garde circles, such as the Surrealists in France and writers such as Auden, Isherwood and Spender in Britain. By the end of the 1930s and the early 1940s there was already talk of Kafka as a 'modern great'; a writer as representative of *his* time as Dante, Shakespeare and Goethe had been of theirs. Brod's (obvious) point, that Kafka was in some sense a religious writer, was taken as read, but the author was criticized in some intellectual quarters for the lack of social or historical awareness displayed by his work (his stories are never set in recognizably specific historical times or places).

Meanwhile, in Germany, historical circumstances were conspiring to drive Kafka *out* of the German-speaking world where, until 1933, his reputation had been solidly establishing itself. Kafka was neglected under the Nazis because he was a Jew. However, the emigration of Jews from Nazi Germany was to have the effect of sending friends and admirers of Kafka's work to all corners of the globe. As Kafka's work is about a sort of spiritual and personal exile anyway, there is a peculiar appropriateness about this and the lack of historical specificity facilitates his reception in cultures other than his own.

The prominent French Kafka critic, Marthe Robert, has described how he was received with such enthusiasm, and taken to heart, by the French, precisely because he was a sort of exemplary outsider, arriving virtually anonymously from a form of no-man's-land, and writing in a clear idiom whose language of origin hardly seemed to matter.[1] He arrived in France without the nationalistic packaging which normally accompanies the export of 'great' writers and was therefore especially appealing to the French. Homelessness, the lack of a context, were the historical conditions of the first waves of Kafka reception, just as they were those of his own inner life and writing.

By the time Kafka had found a secure place in the cultural consciousness of the non-German-speaking world, the accusation of the 1930s intellectual radicals, that his work lacked social or political dimensions, seemed less justified than it once had, because of the proliferation of totalitarianism which, in a rather eerie way, Kafka now seemed to have foreseen in his fiction. Here, of course, is another aspect of the enigma of Kafka's resonance in the twentieth century. His sense of exile and isolation became a common and widespread experience because of the political reality of midcentury Europe and so the sense of a *lack* of context, which he was so skilled at articulating, gained its own context in the real world.

The paradox of a *representative* sense of exile, of a shared and universal experience of solitude and fear, is the starting point of French Existentialism and it is once more the result of an enigmatic mixture of chance and inevitability that Kafka became a key figure for Sartre, Camus and other likeminded philosophers in the France of the 1940s. More generally, his vision of displacement and subjugation made sense to the French under totalitarian occupation. It is symptomatic of the relevance Kafka has for those living under totalitarian regimes, that when typed copies of *Der Prozeß* circulated clandestinely and anonymously in the Soviet Union in the early 1960s, they were assumed to be the work of a Soviet writer, depicting circumstances in that country.

Kafka's transition from prestige and influence amongst intellectuals and avant-gardists to world-wide renown really took place in the United States. Here his fame became conscious of itself as a phenomenon – and a problem. In 1946 a now famous anthology appeared, significantly entitled *The Kafka Problem*. It brought together a diverse selection of essays about Kafka, many of them translated from languages other than English. The editor, Angel Flores, put his finger on the nub of the 'problem' when he wrote in the Introduction: 'Nearly everyone who reads Kafka, not to mention many who don't, seems to have not the slightest doubt that he understands him perfectly, and moreover that he is the only one who does.'[2]

The volume demonstrates how stimulating Kafka's work is, but also how it has the unfortunate tendency to bring out the dogmatic in readers. Critics made various exclusive claims about the meaning of the texts, interpreting or decoding them in religious, sociological and psychological terms (and seemingly forgetting that it is hard to imagine a piece of literature that isn't at least a little of all three).

On the other hand, the anthology included essays which formulated insights of continuing relevance, simplicity and unpretentiousness. It is hard to argue, for instance, with the following statement: 'What happens [in Kafka's works] is tolerably easy to ascertain, but what it means is the important and exacting business.'[3] As the same critic, Austin Warren, also suggested, what it really 'means' isn't all that difficult to make out, either:

> From his diaries and aphorisms and his friend Brod's commentaries we know that he intended his novels to give creative expression to the mysteries of Justice and Grace: that they are metaphysical novels we should surely have made out; but Kafka provided them with no conceptual chart. They require none and it is their special richness that they have much particularity untranslatable into generality.[4]

Warren also clearly saw that Kafka's works are more important for the sense they convey, than for what they are 'about': 'he communicates the sense of there being something to believe without the claim of being able to define what it is.'[5] We do not think it is too wild a claim to suggest that all sensible commentators since 1946 have come to the same conclusion as did Warren.

Those were early days of Kafka criticism and it was still possible then to state the obvious without the certainty of being corrected by dragoons of academics who knew better. Since then an academic Kafka industry has become established, which caused one of its reviewers to write in 1981:

> As Gregor Samsa awoke one morning from uneasy dreams he found himself transformed in his study into a gigantic Kafka critic. He was lying on his hard, as it were armor-plated desk and when he lifted his head a little he could see a dome of books divided into stiff and arched categories on top of which the articles could hardly keep in position and were about to slide off completely. What has happened to me? he thought. It was no dream.[6]

Obviously one cannot write off all the work done on Kafka since the war in terms like those and there are two main points to be made about this period of the reception of Kafka's works. The first is that now Kafka could return officially to the German-speaking countries of Europe where he had been banished under the counter during the Third Reich (as readers of Böll's *Gruppenbild mit Dame* will know). This led to a reappropriation of him by West German critics, giving rise to a specifically German Kafka boom in the 1950s. Such scholarly interest put Kafka studies on a much firmer footing than before, both with regard to the authenticity of the texts (which Max Brod had edited rather freely) and with regard to the circumstances of Kafka's life and background. In this – utterly justified – reappropriation Kafka was rehoused within a scholarly normality which, perhaps a little unfortunately, threatens to obscure the homelessness and the universality of his texts, which had manifested themselves so prominently in the preceding decades and which is so vital a part of their strength and originality.

The second important point about the post-war reception

of Kafka is that he has become a reference point for a very
great number of authors now writing. It is notable how his
autobiographical writing, diaries, letters, the *Brief an den
Vater*, have come to play an increasing part in this literary
influence. In the importance of Kafka for a Canetti, a
Borges, a Robbe-Grillet or a Handke, it is perhaps now
clearer than ever before how Kafka has entered into his
inheritance as one of the two or three *radically* modern prose-
writers of the early twentieth century, as well as, in some
strange way, an exemplary figure (of loneliness and courage)
for our time.

PREVIOUS INTERPRETATIONS OF *DIE VERWANDLUNG*

Die Verwandlung is one of the most famous and characteristic of Kafka's stories. It was written during the same short
and intense period of creativity in late 1912 which followed
his first meeting with Felice Bauer, saw the composition, in
the course of one night's writing, of 'Das Urteil', and inaugu-
rated Kafka's mature period as a writer. It is one of the
handful of works published during the author's lifetime.

There is evidence to suggest that the sort of psychological
and family tensions present in a stylized way in the story
(claustrophobia, isolation, frustrations, the pressures of
financial or emotional responsibility, for instance) were
pressing on Kafka's mind as he worked on the story from 17
November to 7 December.[7] Kafka referred to the story as an
'ausnehmend ekelhafte Geschichte' and two years later experienced 'Großer Widerwillen vor "Verwandlung". Unles-
bares Ende. Unvollkommen fast bis in den Grund. . . .'[8] It is
interesting to speculate on what might have been behind
Kafka's dislike of the story's ending, which he had already
expressed on completing the manuscript. Otherwise (and
especially as he was happy for it to be printed), he seems
to have been more or less satisfied with what he called 'meine
kleine Geschichte', although it had turned out longer than
initially planned.

It was first published in an Expressionist journal in 1915 and came out in book form shortly afterwards. Some indication of what Kafka saw as its theme may be gleaned from the proposals (which were not realized) to publish it together with an extract from the unfinished novel *Der Verschollene* (re-titled *Amerika* by Brod) called 'Der Heizer' and 'Das Urteil' under the collective title *Die Söhne*, or with 'Das Urteil' again and 'In der Strafkolonie' under the title *Strafen*. These planned contexts suggest that *Die Verwandlung* is concerned with a fraught, even fatal, relationship between son and father and with the idea of punishment of some kind, probably exceeding the crime, if any, which occasioned it.

In 1973 the American Professor Stanley Corngold published a volume entitled *The Commentators' Despair*, which consists almost entirely of his paraphrases of all the interpretations of *Die Verwandlung* he could find. There were over one hundred and thirty of them. . . .

Some interpret the story as the account of a psychological state or process of one kind or another, seeing Gregor's transformation into a beetle as a symbolic representation of an inner mood or condition. The most famous psychological interpretation of the story appeared in a psychoanalytical journal in 1931 and it explained the central issue thus:

> The story depicts the struggle between son and father as it rises out of the oedipal conflict. [. . .] Viewed psychologically, the metamorphosis of the son does not signify an external event but an internal change in the direction of drive. It is a kind of self-punishment for his earlier competitive striving aimed against the father, a withdrawal from the exacting genital position.[9]

We may have little use for these specific terms, but it can hardly be denied that the peculiar mixture of sexual references (the picture on Gregor's wall, various states of undress of mother and sister, and so on) and claustrophobic family relations (apart from rivalry with the father, according to the

analysts conspicuous by its *absence*, there is also an implied
incestuous attraction to the sister) invites a psychoanalytic
approach, and the critic just cited, Helmuth Kaiser and others
like him have had interesting things to say about many of the
odder details of the text (the grotesque erotic tableau at the
end of Chapter 2, for instance), as well as about its overall
significance.

An alternative view is to see Gregor simply as the victim of
some suddenly deforming illness. He is transformed overnight from a caring and supporting son into a frightening and
disgusting parasite, whose continued existence begins to ruin
every member of the family – socially, financially and psy-
chologically. The family's own slow transformation (from
shock and concern, to reluctant acceptance, to relief at his
demise) can be seen to be as much a part of the story as the
actual fate of Gregor. Indeed, the blurb of the influential
Penguin translation isolates this level of the text as the most
important: 'this haunted parable on *human reactions to* suffering and disease' [our italics].

Other interpretations pick up the network of family relations, but read them outwards, so to speak, rather than
inwards and thus come up with readings of a more social kind
(the family being a *social* unit as well as the basic configura-
tion of psychoanalysis). If we add to the *family* relations the
details of Gregor's rather miserable working life, with which
they are intimately bound up, then readings about Kafka's
own social, religious and historical context suggest themselves. In this sort of interpretation, the metamorphosis
embodies social dislocation and frustration which are both
the causes and effects of family, cultural and economic circumstances, or else a form of escape from them. Critics can
point to working conditions in early twentieth-century
Prague or to the cultural problems of being Jewish as contexts for the alienation in which Kafka places his protagonist.
Although we are not told where and when the story is meant
to have taken place, there is a very strong sense of specificity in all the details of the Samsa family's economic and

domestic circumstances, which rather encourages sociological and historical interpretations.

Other critics take a more general line and see Kafka's animal stories (a favourite type of his, to which, of course, *Die
Verwandlung* also belongs) as ways of expressing the
dehumanization which is everywhere consequent upon indus-
trialization. And from such universal interpretations it is not
far to the sort of interpretation that perceives Gregor's plight
as expressing modern life as a whole – reduced, neurotic, iso-
lating. An imaginative example of this very frequent approach
is that of Clemens Heselhaus, who sees the transformation
motif as indicating a certain, but inverted, affinity with the
fairy tale, a fairy tale without a happy ending in which the Frog
is not transformed back into a Prince by the power of love:
'*Die Verwandlung* als Antimärchen ist also ein Protest gegen
das Leben, wie es in der Moderne gelebt wird.'[10]

The idea that the story is a protest against the way life is
lived today can be reversed into a positive identification of
the alternative existence involved (i.e. being transformed
into an 'Ungeziefer') as spiritually valuable in some oblique
way. The grotesque distortion of this value can be ascribed to
the times we live in which allow only the faintest glimmer of
hope beyond their distorting and negative power. Here the
themes of art and religion are touched upon. Those who take
their cues from Kafka's biography and his account of himself
in his letters and diary, recall that he perceived his work as a
writer as categorically different from his life as an insurance
expert and a prospective husband and father, seeing them as
opposed, mutually exclusive, mutually invalidating. The
radical split between Gregor's consciousness and the world
around him has something of this autobiographical dis-
tinction, so that Gregor can be seen as inhabiting a different
order of truth from that in which his family dwells. Corngold
advances his own interpretation along these lines: 'The hero
of *The Metamorphosis* is "The Judgement" ("Das Urteil"),
the insight liberated in that story: that Kafka must not betray
his writing either by writing or by supposing that his father is

the source and goal of his art. [. . .] After "The Judgement" when Kafka writes [. . .] he takes up a position irretrievably outside the house of life.'[11]

There are several religious allusions in the text of *Die Verwandlung* (the apple, for instance, and various references to crucifiction) and there have been some elaborate religious interpretations. To quote from one of the most elaborate: 'It is significant that the metamorphosis of Gregor – of all Kafka's prospective Messiahs the one most cruelly hindered in his earthly mission – begins *shortly before Christmas*.'[12] The author of that remark, Kurt Weinberg, calls Gregor a false Messiah and sees nothing positively transfiguring in his fate, but critics pursuing this sort of reading are divided as to the possible positive connotations of Gregor's fate. The sentences 'War er ein Tier, da ihn Musik so ergriff? Ihm war als zeige sich ihm der Weg zu der ersehnten unbekannten Nahrung' might be taken to hint at some hope and the terms in which Gregor's death is conveyed also admit of qualified optimism ('in diesem Zustand leeren und friedlichen Nachdenkens blieb er, bis die Turmuhr die dritte Morgenstunde schlug. . .'), although they also have distinctly gloomy possibilities ('und aus seinen Nüstern strömte sein letzter Atem schwach hervor').

This uncertainty even in the most basic questions reveals the basic ambiguity of the text. The final tableau of the story, in which the family, now relieved of its burden, appears refreshed, is equally ambiguous. Sometimes it is seen as a new start, and new hope, sometimes as the triumph of brute animality (at this point one should recall Kafka's own doubts about the end). It may of course also be that Kafka himself was deluded about the meaning of his own story. When Nabokov, himself an entomologist as well as a novelist, was asked in an interview what kind of insect Gregor was (another point of great uncertainty, despite the detailed descriptions in the text), he replied as follows: 'It was a domed beetle, a scarab beetle with wing-sheaths, and neither Gregor nor his maker realized that when the room was being made by the maid, he could have flown out and escaped and joined the other happy dung beetles rolling the dung balls on rural paths.'[13]

THE 'OPENNESS' OF DIE VERWANDLUNG

If nothing else, these interpretations have in common that they display the interests of the interpreters. The latter must reveal something of their own predispositions and beliefs (or fears) if they are to respond to this mysterious story. In other words, Kafka produces a peculiarly *open* sort of text and this achievement needs to be emphasized, quite apart from what he may or may not have meant in writing. It seems altogether more prudent to examine the *way* Kafka has achieved this effect, rather than to close him up again by restricting him to one meaning rather than another. There are many studies of *Die Verwandlung* which concentrate on this, however, and later sections of this Introduction will give some pointers in this direction.

But what is the value of this openness? Its main value is to make reading *active* rather than passive. Literature can be described as 'closed' for two basic reasons. Either because it is *too* intelligible (and thus only tells you what you already know); or else it isn't intelligible at all (and doesn't tell you anything). In neither case is the reader truly engaged.

Broadly speaking, these two ways of being 'closed' correspond to certain negative aspects of Realism and Expressionism respectively. Expressionism was the advanced literary style at the time Kafka wrote (and he was associated with Expressionists in various ways). Realism was the style of the novel and had been so since the middle of the nineteenth century (many of Kafka's favourite authors were practitioners of it: Dickens, Stifter, Dostoyevsky). There are many shades and progressions within these styles and, at their best, both are fully capable of an openness which engages readers actively, drawing them into a reading experience which truly challenges or changes them.

Like all styles, however, they also have their limitations. Realism can easily be a reprocessing of what is conventionally regarded as real, and thereby miss reality completely. It can exhaust itself in *versions* of the real without being sensitive to changes in the objective world which modify or negate their relevance. It can deal with problems *in* reality, as Naturalism did, but it cannot easily deal with problems *about* reality, which is why Bertolt Brecht and others said of Naturalism that in depicting social misery it confirmed it by repeating it, instead of helping to end it (i.e. *changing* reality).

Expressionism, on the other hand, is sensitive to this problem, and sets out to solve it. It makes a dynamic and urgent appeal to its readers or audience in order to break through conventional habits of thought. But it is forced to generate so much 'noise' in order to block the conventional messages it wishes to replace that it easily becomes merely strident or incomprehensible.

Kafka combines these two styles and it is the combination that opens his writing on to a multitude of interpretations. In *Die Verwandlung* we are presented with an expressionist element – the literal transformation of Gregor into a monster – and a realistic or naturalistic setting. Each holds the other open – the fact that we cannot reconcile them with each other is the point of their openness.

Rather than being presented with a style which presupposes that reality is self-explanatory, or else with an irritating cacophony or noise, we are introduced to a style which we can understand, conveying a meaning which we cannot. As a result we are drawn into an active interpretative reading which will, as with the many interpretations of the critics, reveal, if nothing else, something about our own interests and our own presuppositions about reality.

THE CURIOUS NARRATOR

The first sentence of *Die Verwandlung* is one of the most famous in German literature and yet in one respect it's remarkably flat – perfectly balanced, perfectly undramatic. The contents may be sensational, but the prose in no way matches the horrific event which is announced: it is calm, restrained, totally without the excitement which we might deem appropriate. How can the person telling this story remain so unperturbed in the light of such an unprecedented occurrence? His very lack of concern is in itself unsettling. What sort of a person can he be?

The narrator of a story should not be equated with the author himself and in some texts it is quite obvious that the two stand very far apart. Some authors have chosen a simpleton to present their tale, others have chosen a criminal, while others have preferred a psychiatrist. The personality and the limitations of the narrator will emerge from the way the story is told and some authors, particularly those of the twentieth century, will choose a curious, or even unreliable narrator in order to make us reflect on whether we can trust the person who is telling the story. Should we 'make allowances' for what we are told? Is the narrator biased? Does he stand in a very close relationship to one of the characters, favouring that character at the expense of others?

Whatever the personality of the narrator, there is a choice as to how he can tell his tale. The two most common 'points of view' which can be adopted are those of the 'first person participant' ('when I woke up, I found I was a beetle. . .'); or the 'third person omniscient' ('When he woke up, he found. . .'). The former is perhaps the simplest literary method. It is concerned with the life of the speaker alone and includes nothing which he or she does not experience. In the 'third person omniscient', however, the narrator knows all that there is to know about all his characters and the situation in which they find themselves. Such a narrator has complete knowledge of his characters, their backgrounds, their feelings and even their future actions. He can also judge everything they do, because, in complete contrast to the 'first person participant', he can stand *outside* the whole situation.

The point of view in *Die Verwandlung* does not fall neatly into either of these categories. The story may be told in the third person, but the narrator does not seem to be omniscient, and he certainly does not stand 'outside' his central character. On a number of occasions he actually takes us directly into the mind of Gregor by means of what is known as 'erlebte Rede' or 'style indirect libre': that is, the character's thoughts are reported in the third person, but they are rendered *in his own idiom*. Yet even before such moments of near identification, it is clear that the narrator stands in a close relationship to his central character. Already in the second sentence we find an unexpected use of 'seinem', rather than the 'einem' which any 'objective' narrator would have employed. And throughout the story there is constant reference to 'der Vater' and 'die Mutter', which significantly changes to 'Herr und Frau Samsa' once Gregor has died. Indeed, apart from these few pages after his death (and the very occasional comment which might be seen to come from the narrator), everything is presented from Gregor's highly limited angle. (In fact, if we wished, we could actually replace all the uses of 'Gregor' or 'er' in the text by an 'ich' (with consequent 'sich' → 'mich', etc) and *nothing else would need to be changed*). Further, not only the actions, but even the thoughts of all the other characters are presented through Gregor's mind. As a result we have to interpret the apparent hostility of the father and the seeming concern of the sister *as they are seen by Gregor* – their (clearly ambiguous) actions are not presented to us directly by the narrator himself. In a sense, then, this work can be seen to embrace two points of view: an impersonal, but possibly biased 'third person narrator' has projected himself almost completely into the mind of his 'participant'.

This narrator is abnormal in several other respects. He presents facts as if they did not seem to shock him in the least; impossible events occur and yet they are perfectly acceptable to him; unrealistic situations are described in precise and perfectly realistic detail; and it is through such methods as these that the narrator gives a semblance of reality to what he presents. Further, this narrator tends to describe and to narrate, but never to analyse. He never pauses to ask the sort of questions which the reader desperately wants to find an answer to. In Kafka's work in general, the only way we gain an insight into the deeper thoughts of his characters is through the images in which they express themselves. The external scene which a character perceives is often an expression of his inward feelings: moods, fears, and desires are expressed in visual form. This technique can be traced to Kafka's general tendency to think not in terms of concepts, but quite simply in pictures. His imagination was neither abstract nor analytical and he once admitted to Felice Bauer that he was 'zu abstrakter Argumentation unfähig'.[14] Similarly, Max Brod complained (in his biography of the author): 'Mit Kafka über abstrakte Dinge zu reden, war fast unmöglich. Er dachte in Bildern und er sprach in Bildern.'[15] And, we might add, 'er schrieb in Bildern'! This is very far from being a limitation, of course. Kafka's ability to exploit images in order to arouse the speculative instincts of his readers represents one of the major attractions – and frustrations – of his writing.

KAFKA'S USE OF LANGUAGE

The unease we usually experience in reading any text by Kafka is created in part by the strange events and characters he describes, in part by the unusual point of view, but also in part by the curious use of language and the unorthodox construction of sentences. Many different adjectives have been used to describe this style, which can actually range from bureaucratic dryness to urgent plea. The following long list of epithets is drawn from only three major histories of German literature, but it could easily be doubled in length: 'angespannt', 'dialektisch', 'doppelbödig', 'exakt', 'genau', 'grauenerregend', 'grotesk', 'humoristisch', 'intellektuell', 'lastend', 'logisch', 'magisch', 'nüchtern', 'paradox', 'phantastisch', 'prägnant', 'präzise', 'realistisch', 'ruhig', 'schlicht', 'spielend', 'surrealistisch', 'traumhaft', 'unerbitt-lich', 'unpersönlich', 'visionär', 'zwingend'.[16] Many of these qualities are mutually exclusive, but it would certainly be possible to find sections of *Die Verwandlung* in which the terms could individually be applied. If one were to put them in order of the frequency with which they are employed, then we would probably find the list headed by the cluster 'exakt', 'genau', 'nüchtern', 'präzise'; but a place would undoubt-edly also be due to 'doppelbödig' (in its sense of 'ambigu-ous', or 'having more than one level of meaning') and to 'traumhaft' (one of the words which Kafka himself used to describe the workings of his mind).[17] There is, however, an important omission from this list and that is the adjective 'unerwartet'. Careful scrutiny of any text by Kafka reveals a repeated use of words which are slightly out of keeping with our expectations. A useful contrast can here be made with the work of his contemporary Thomas Mann, for whom the pre-ferred expression is the 'mot juste', that is, the word which is *exactly* right for the context, which usually condenses information or ideas, provokes particularly appropriate associations and satisfies the reader by its very aptness. By contrast, Kafka's language seems determined to disturb: it obviously provokes reflection and speculation, but above all, it provokes unease.

Kafka had a keen interest in language, and in later life he came to study both Yiddish and Hebrew. He was also inter-ested in etymology, the origin and development of words. His study of language took place against a particular back-ground, however, which undoubtedly sharpened his interest and which must have played its part in his feelings of isolation. His father, originally a Czech speaker, had come from a tiny Bohemian village to the great capital of Prague. Although Czech was the language of the common people here, the city was part of the Austrian Empire and so the official language, the language of the ruling class, was Ger-man. It was natural, therefore, that the ambitious Hermann

Kafka should ensure his son was taught both languages, but that he should actually be educated in a German-speaking school. Franz, however, was keenly aware of the fact that speaking German as his main language made him a member of a socially superior minority – perhaps 7.5 per cent of the population. Reminders of this were to be found everywhere in the city – critics have often drawn attention to an inscription above the entrance to a Czech school which he used to pass: 'A Czech child belongs in a Czech school.'

Awareness of another aspect of language obviously came from Kafka's period at the German University in Prague. For almost five years he studied law, a subject in which the cautious and precise use of words is essential; this was followed by work in the law courts, and most of his working life was then spent in the legal department of an insurance company. The writing of reports formed an important part of his work here and the clarity, detachment and thoroughness with which these were composed earned him respect and (gradual) promotion. It is possible to see in these reports, many of which are now available in print, the style and to some extent the content of his early literary work.[18]

A number of critics have emphasized that the German in which Kafka was brought up was 'Pragerdeutsch', which differed from standard High German of the day. It was supposedly contaminated by Czech on the one hand and restricted on the other by the administrative functions for which it was employed in that city. Thus Malcolm Pasley, for example, has suggested that its nature did not appeal to many contemporary writers (who reacted against it) and that there was the 'thinness and dryness of its vocabulary, and the stilted nature of its syntax'.[19] Although some doubts have been raised about the real nature of 'Prague German',[20] an important consideration is that an intelligent, linguistically talented, and exceptionally widely read man like Kafka was easily capable of rising above such a register – certainly in his creative writing. Significantly, he took particular pleasure in writers whose style was deliberately simple (for example,

Johann Peter Hebel, Robert Walser), even if syntactically complicated (Heinrich von Kleist) and his approach to language and form may have been influenced by writers as wide apart as Dickens and Flaubert. If the most obvious model for his writing is the dry insurance report, with its stilted syntax, then that model was chosen deliberately for its specific contribution to the tone of his creations.

A clear, dispassionate, legalistic mind could certainly be seen to emerge in the language of *Die Verwandlung*. There is an almost pedantic care with which the narrator qualifies actions and situations (we note in particular the repeated use of the adverbs 'ein wenig,' 'kaum,' 'etwas,' 'ganz,' 'wohl'). Heavy, formal, sometimes circumlocutory expressions are preferred to more natural and certainly to more colloquial ones ('zum gänzlichen Niedergleiten bereit'; 'mit. . . einer Pelzboa versehen'; 'dem Beschauer entgegenhob'). Long explanatory sentences are common and these often contain those pre-positive adjectival phrases which are traditionally associated with legal documents ('seinen gewölbten, braunen, von bogenförmigen Versteifungen geteilten Bauch'; 'seine vielen, im Vergleich zu seinem sonstigen Umfang kläglich dünnen Beine'). At the same time, however, and this is the curious aspect, we often feel the author has a light-hearted attitude to language. There is alliteration, and to a lesser extent assonance, which is out of keeping with the register of the language and also, of course, at odds with the contents. There is also the occasional word or phrase which is not the natural choice and which therefore distances us from the text even further.

In the first paragraph of the story, for example, we are repeatedly put off balance. The phrase 'unruhige Träume' is not the normal one, and there is then alarming extremism in 'ungeheueres Ungeziefer'. Yet the threefold use of 'un-', in rhythmically balanced words, has an almost playful quality, which seems at variance with the serious subject-matter. There is a sense of discrepancy in the following two sentences also. Here the language is remarkably precise and a large amount of information is communicated to us. But in many ways we do not expect, or possibly even want, 'factual' language at such a point. We expect the emotional vocabulary that would be appropriate to such a shocking situation. The narrator, however, completely avoids traditional expectations in his approach to language. As a result, we feel 'estranged'. We are distanced from the text, and possibly confused, by the combination of legalisms with an occasionally playful approach to language and by the lack of emotional vocabulary to describe emotionally shocking events.

Our unease is increased by the construction of Kafka's sentences. They are sometimes remarkably short, but they can also be uncomfortably long. Their length can be attributed to the author's preference for a succession of main clauses (rather than the usual main clauses followed by subordinate ones), in which the most common conjunctions are 'und', 'aber', 'denn' and 'oder'. Sometimes, however, conjunctions are dispensed with completely – as when the action rises to a climax and the pace of the narrative reflects the frenzied activity of Gregor (e.g. his opening the door, fleeing from his father, rushing around his mother when she faints). As is common in Kafka's stories about animals, the sentence construction here corresponds to the reactions of these creatures to the positions in which they find themselves. Another unusual feature of this style is a preference for the mood of doubt, for words and expressions of uncertainty and for concessionary constructions. Thus we often find the subjunctive ('als sei er. . .'), the verb 'scheinen', and the adverbs 'vielleicht' and 'wahrscheinlich', as well as counterbalancing and restricting expressions like 'trotzdem' (in the Prague German sense of 'obwohl'), 'aber' (as particle) and 'fast'.

It may be on the first page, or it may be only at the end of the first chapter, but at some point, usually very early in any work by Kafka, we recognize that what is being recounted cannot be taken at face value. It becomes clear as we read that the author is constantly implying far more than he is actually stating and, worse, that he is sometimes even hinting at a 'key' to his work without ever really supplying one. Such a deliberately frustrating procedure arouses a strong desire on the part of readers to deduce a meaning from these stories and it is this intellectual challenge which is one of the principal reasons for the continuing fascination of Kafka's work.

The wide range of interpretations which *Die Verwandlung* has provoked is attributable in part to the simple, yet ambiguous words which the author employs; but precisely as a result of the non-restrictive nature of this language, all of these interpretations must be seen as equally acceptable – or unacceptable. Discussion on what can be added to the list of 'meanings' will undoubtedly continue and will, of course, remain inconclusive. A more satisfying approach to the text is to study how it achieves its effects, and how in particular it achieves such 'openness'. The latter is the greatest virtue of the story, retaining its fascinating quality of precise imprecision and amply repaying close study through insights into Kafka's literary genius.

NOTES TO THE INTRODUCTION

1 'Die Aufnahme in den einzelnen Ländern (c) Frankreich', subsection (aa) 'Wirkung auf Kritik und Wissenschaft', *Kafka-Handbuch in zwei Bänden*, edited by H. Binder, Volume 2, p. 679.

2 *The Kafka Problem*, p. xi.

3 Ibid., p. 79.

4 Ibid., p. 80.

5 Ibid., p. 83.

6 Kenneth Hughes, 'Kafka research 1974–1979: a report', *New German Critique*, 22 (1981), 163–83 (p. 163).

7 For full details, see Hartmut Binder, 'Kafka und seine Schwester Ottla. Zur Biographie der Familiensituation des Dichters unter besonderer Berücksichtigung der Erzählungen "Die Verwandlung" und "Der Bau"', *Jahrbuch der deutschen Schillergesellschaft*, 12 (1968), 403–56.

8 Diary entry for 19 January 1914, *Tagebücher*, p. 351.

9 Translation by Stanley Corngold in *The Commentators' Despair*, p. 149. The original article is entitled 'Franz Kafkas Inferno: Eine psychologische Deutung seiner Strafphantasie', *Imago*, 17, No. 1 (1931), 41–104.

10 'Kafkas Erzählformen', *Deutsche Vierteljahrsschrift für Literaturwissenschaft und Geistesgeschichte*, 3 (1952), 353–76 (p. 364).

11 *The Commentators' Despair*, p. 36.

12 Kurt Weinberg, *Kafkas Dichtungen. Die Travestien des Mythos* (Bern and Munich, 1963). Translation by Corngold, *The Commentators' Despair*, p. 245.

13 In an interview with Alfred Appel, collected in *Nabokov: The Man and his Work. Studies*, edited by L.S. Bembo (Madison, Milwaukee, and London, 1967), p. 43.

14 *Briefe an Felice*, p. 71.

15 *Franz Kafka. Eine Biographie*, p. 36.

16 Compiled by Eberhard Frey in 'Der "nüchtern-realistische, dialektisch doppelbödige" Stil Franz Kafkas', in *Franz Kafka. Eine Aufsatzsammlung nach einem Symposium in Philadelphia*, edited by Maria Luise Caputo-Mayr (Berlin, 1978), pp. 205–15 (p. 206).

17 The full diary entry is of significance: 'Von der Literatur aus gesehen ist mein Schicksal sehr einfach. Der Sinn für die Darstellung meines traumhaften inneren Lebens hat alles andere ins Nebensächliche gerückt.' *Tagebücher*, p. 420.

18 Some examples of Kafka's office work are included in Wagenbach's appendix to his *Franz Kafka. Eine Biographie seiner Jugend 1883–1912*, pp. 279–337. The most extensive collection is that edited by Klaus Hermsdorf, *Amtliche Schriften*, published by the East German Akademie Verlag in 1984.

19 Introduction to *Franz Kafka. Short Stories* (Oxford, 1963), p. 11.

20 The latest contribution to the discussion is that by Pavel Trost, 'Die Mythen vom Prager Deutsch', *Zeitschrift für deutsche Philologie*, 100 (1981), 381–90. Trost dismisses, in rather cavalier manner, the remarks of several of Kafka's contemporaries. A much more useful survey is provided by Klaus Wagenbach in *Franz Kafka. Eine Biographie seiner Jugend 1883–1912*, pp. 83 ff.

SELECT BIBLIOGRAPHY

The story itself was first published in the literary periodical *Die weißen Blätter*, Vol. 2, No. 10 (October 1915), 1177–1230. Kafka did not see proofs of this text, which contains numerous printer's errors. He did, however, correct the proofs of the hardback edition which appeared as soon as the following month; the present volume therefore follows that version. The publisher was the Kurt Wolff Verlag of Leipzig and the date 1916 appears as the date of publication, despite the fact the book was issued in the previous year. Besides correcting the many misprints which had featured in the first publication, Kafka also removed a number of 'Prague German' expressions.

Most modern editions of the story unfortunately follow the text which was prepared by Max Brod for the *Gesammelte Schriften* (Berlin, 1935); Brod made a number of changes to the hardback version (few of which seem justifiable) and also removed further examples of 'Prague German'.

Other writing by Kafka which is relevant to the study of *Die Verwandlung* includes:

Briefe 1902–1924, edited by Max Brod in collaboration with Klaus Wagenbach, Frankfurt am Main, 1958.

Briefe an Felice und andere Korrespondenz aus der Verlobungszeit, edited by Erich Heller and Jürgen Born, Frankfurt am Main, 1967.

Tagebücher 1910–1923, edited by Max Brod, Frankfurt am Main, 1951.

Amtliche Schriften, edited by Klaus Hermsdorf, Akademie Verlag, [East] Berlin, 1984.

SECONDARY LITERATURE

Beck, Evelyn Torton, *Kafka and the Yiddish Theatre*, Madison, Milwaukee and London, 1971. A landmark in Kafka criticism, in that it drew attention to the important influence of the Yiddish theatre which Kafka frequented on its visits to Prague and which had a profound effect on him.

Beicken, Peter, *Franz Kafka. Eine kritische Einführung in die Forschung*, Frankfurt am Main, 1974. An extensive survey of Kafka criticism until the mid-1970s. Useful summaries of general directions of criticism and of criticism on individual works (including *Die Verwandlung*).

————(ed.), *Erläuterungen und Dokumente. Franz Kafka, 'Die Verwandlung'*, Stuttgart, 1983 (Reclams Universal-Bibliothek Nr 8155) An inexpensive and very extensive collection of material relating to *Die Verwandlung*, including detailed annotations, biographical background, Kafka's own comments about the text and a survey of the various interpretations.

Binder, Hartmut, *Kafka-Kommentar zu sämtlichen Werken*, Munich, 1975. Detailed annotations to all Kafka's stories, but largely superseded by the work of Beicken.

————, 'Kafka und seine Schwester Ottla. Zur Biographie der Familiensituation des Dichters unter besonderer Berücksichtigung der Erzählungen "Die Verwandlung" und "Der Bau"', *Jahrbuch der deutschen Schillergesellschaft*, 12 (1968), 403–56. A detailed study of Kafka's relationship with his youngest sister and of the general family situation which immediately preceded the composition of *Die Verwandlung*.

————, *et al.* (eds), *Kafka-Handbuch in zwei Bänden. Band I: Der Mensch und seine Zeit; Band II: Das Werk und seine Wirkung*, Stuttgart, 1979. Compendious survey of information. Clearly set out and useful as a reference book for investigation of particular aspects of the author's life and work.

Brod, Max, *Franz Kafka. Eine Biographie*, 3rd edition, Frankfurt am Main, 1954. An absorbing account, although obviously written from the point of view of a close personal admirer.

Cohn, Dorrit, 'Trends in literary criticism: some structuralist approaches to Kafka', *German Quarterly*, 5 (1978), 182–8. An unpretentious and informative essay on modern approaches to Kafka; it has the merit of pointing out how naturally Kafka's writing and the critical and philosophical systems which go under the (now journalistic) heading of 'Structuralism' belong together.

Corngold, Stanley, *The Commentator's Despair. The Interpretation of Kafka's Metamorphosis*, Port Washington, N.Y., London, 1973. As well as containing an interpretation of its own, this book collects and paraphrases over 130 other discussions of Kafka's story.

Emrich, Wilhelm, *Franz Kafka*, Bonn, 1958. A 'classic', very comprehensive and detailed study of Kafka's work as a representation of the modern condition. Concentrates on the works to the exclusion of all biographical factors.

Flores, Angel (ed.), *The Kafka Problem*, New York, 1946; new edition 1963. The historic anthology which gave new impetus to interest in Kafka studies after the Second World War. Some of the essays are still of interest today, especially those by Warren and Camus.

—————, *The Kafka Debate. New Perspectives for our Time*, New York, 1977. A number of stimulating essays on a wide range of topics.

Hayman, Ronald, K. *A Biography of Kafka*, London, 1981. A long study of Kafka the man, which draws on much of the literary and non-literary writing in order to explain his troubled mind. Well set out for reference purposes.

Hibberd, John, *Kafka in Context*, London, 1975. A useful short introduction to Kafka's life, social, historical and literary background.

—————, *Kafka, 'Die Verwandlung'* (Grant & Cutler 'Critical Guides to German Texts'), London, 1985. Together with Peter Beicken's *Erläuterungen. . .*, this is the most helpful short guide to the story. Careful analysis and interpretation, and particularly suggestive in discussing the wider implications of the text.

Janouch, Gustav, *Gespräche mit Kafka. Aufzeichnungen und Erinnerungen*, revised edition, Frankfurt am Main, 1968. Contains many remarkable and revealing statements by Kafka, but the authenticity of the volume as a whole is in some doubt.

Kuna, Franz, *Kafka. Literature as Corrective Punishment*, London, 1974. Contains a chapter on *Die Verwandlung*, seeing it as a 'devastating critique of modern social and economic systems'. A clearly argued interpretation, which places the story in context well.

Müller, Hartmut, *Franz Kafka. Leben – Werk – Wirkung*, Düsseldorf, 1985 (*Hermes Handlexikon*). Short entries on various aspects of life, works, characters within the major works, contemporaries, reception. Well condensed and reliable.

Pascal, Roy, *Kafka's Narrators. A Study of his Stories and*

Sketches, Cambridge, 1982. A particularly helpful study of the 'point of view' in Kafka's short works (including *Die Verwandlung*).

Politzer, Heinz, *Franz Kafka. Parable and Paradox*, Ithaca and London, 1962; revised and expanded edition, 1966. One of the 'standard' studies of Kafka; pp. 65–84 are concerned specifically with *Die Verwandlung*.

————(ed.), *Das Kafka-Buch. Eine innere Biographie in Selbstzeugnissen*, Frankfurt am Main, 1973. A series of short introductions to various aspects of Kafka's life and interests are followed by lengthy sections of quotation from letters, diaries, conversations, etc.

Sokel, Walter H., *Franz Kafka. Tragik und Ironie. Zur Struktur seiner Kunst*, Munich, Vienna, 1964. Another classic, full-length study of Kafka's works, of which pp. 77–103 are devoted specifically to *Die Verwandlung*.

Swales, Martin, "Why read Kafka?', *Modern Language Review 76* (1981), 357–66. A lucid introduction to the peculiar problems associated with reading Kafka, and an eloquent plea in favour of it.

Wagenbach, Klaus, *Franz Kafka. Eine Biographie seiner Jugend 1883–1912*, Berne, 1958. The standard study of the early years, rich in general information on the times. Of particular interest are the examples of Kafka's reports for his employers, the Arbeiter-Unfall-Versicherungs-Anstalt für das Königreich Böhmen in Prag.

DIE VERWANDLUNG

I

Als Gregor Samsa* eines Morgens aus unruhigen Träumen*
erwachte, fand er sich in seinem Bett zu einem ungeheueren
Ungeziefer* verwandelt. Er lag auf seinem panzerartig
harten Rücken und sah, wenn er den Kopf ein wenig hob,
seinen gewölbten, braunen, von bogenförmigen Versteifungen geteilten Bauch,* auf dessen Höhe sich die Bettdecke,
zum gänzlichen Niedergleiten bereit, kaum noch erhalten
konnte. Seine vielen, im Vergleich zu seinem sonstigen
Umfang kläglich dünnen Beine flimmerten ihm hilflos vor
den Augen.

»Was ist mit mir geschehen?«, dachte er. Es war kein
Traum. Sein Zimmer, ein richtiges, nur etwas zu kleines
Menschenzimmer,* lag ruhig zwischen den vier wohlbekann-
ten Wänden. Über dem Tisch, auf dem eine auseinanderge-
packte Musterkollektion von Tuchwaren ausgebreitet war
– Samsa war Reisender – hing das Bild,* das er vor kurzem
aus einer illustrierten Zeitschrift ausgeschnitten und in
einem hübschen, vergoldeten Rahmen untergebracht hatte.
Es stellte eine Dame dar, die, mit einem Pelzhut und einer
Pelzboa versehen, aufrecht dasaß und einen schweren
Pelzmuff, in dem ihr ganzer Unterarm verschwunden war,
dem Beschauer entgegenhob.

Gregors Blick richtete sich dann zum Fenster, und das trübe Wetter – man hörte Regentropfen auf das Fensterblech aufschlagen – machte ihn ganz melancholisch. »Wie wäre es, wenn ich noch ein wenig weiterschliefe und alle Narrheiten vergäße,« dachte er, aber das war gänzlich undurchführbar, denn er war gewöhnt, auf der rechten Seite zu schlafen, konnte sich aber in seinem gegenwärtigen Zustand nicht in diese Lage bringen. Mit welcher Kraft er sich auch auf die rechte Seite warf, immer wieder schaukelte er in die Rückenlage zurück. Er versuchte es wohl hundertmal, schloß die Augen, um die zappelnden Beine nicht sehen zu müssen, und ließ erst ab, als er in der Seite einen noch nie gefühlten, leichten, dumpfen Schmerz zu fühlen begann.

»Ach Gott,« dachte er, »was für einen anstrengenden Beruf habe ich gewählt! Tag aus, Tag ein auf der Reise. Die geschäftlichen Aufregungen sind viel größer, als im eigentlichen Geschäft zu Hause,* und außerdem ist mir noch diese Plage des Reisens auferlegt, die Sorgen um die Zuganschlüsse, das unregelmäßige, schlechte Essen, ein immer wechselnder, nie andauernder, nie herzlich werdender menschlicher Verkehr.* Der Teufel soll das alles holen!« Er fühlte ein leichtes Jucken oben auf dem Bauch; schob sich auf dem Rücken langsam näher zum Bettpfosten, um den Kopf besser heben zu können; fand die juckende Stelle, die mit lauter kleinen weißen Pünktchen besetzt war, die er nicht zu beurteilen verstand; und wollte mit einem Bein die Stelle betasten, zog es aber gleich zurück, denn bei der Berührung umwehten ihn Kälteschauer.

Er glitt wieder in seine frühere Lage zurück. »Dies frühzeitige Aufstehen«, dachte er, »macht einen ganz blödsinnig. Der Mensch muß seinen Schlaf haben. Andere Reisende leben wie Haremsfrauen. Wenn ich zum Beispiel im Laufe des Vormittags ins Gasthaus zurückgehe, um die erlangten Aufträge zu überschreiben, sitzen diese Herren erst beim Frühstück. Das sollte ich bei meinem Chef versuchen; ich würde auf der Stelle hinausfliegen. Wer weiß übrigens, ob das nicht sehr gut für mich wäre. Wenn ich mich nicht wegen meiner Eltern zurückhielte, ich hätte längst gekündigt, ich wäre vor den Chef hin getreten und hätte ihm meine Meinung von Grund des Herzens aus gesagt. Vom Pult hätte er fallen müssen! Es ist auch eine sonderbare Art, sich auf das Pult zu setzen und von der Höhe herab mit dem Angestellten zu reden, der überdies wegen der Schwerhörigkeit des Chefs ganz nahe herantreten muß. Nun, die Hoffnung ist noch nicht gänzlich aufgegeben; habe ich einmal das Geld beisammen, um die Schuld der Eltern* an ihn abzuzahlen - es dürfte noch fünf bis sechs Jahre dauern - mache ich die Sache unbedingt. Dann wird der große Schnitt gemacht.* Vorläufig allerdings muß ich aufstehen, denn mein Zug fährt um fünf.«

Und er sah zur Weckuhr hinüber, die auf dem Kasten* tickte. »Himmlischer Vater!«, dachte er. Es war halb sieben Uhr, und die Zeiger gingen ruhig vorwärts, es war sogar halb vorüber, es näherte sich schon dreiviertel. Sollte der Wecker nicht geläutet haben?* Man sah vom Bett aus, daß er auf vier Uhr richtig eingestellt war; gewiß hatte er auch geläutet. Ja, aber war es möglich, dieses möbelerschütternde Läuten ruhig zu verschlafen? Nun, ruhig hatte er ja nicht geschlafen, aber wahrscheinlich desto fester. Was aber sollte er jetzt tun? Der nächste Zug ging um sieben Uhr; um den einzuholen, hätte er sich unsinnig beeilen müssen, und die Kollektion war noch nicht eingepackt, und er selbst fühlte sich durchaus nicht besonders frisch und beweglich. Und selbst wenn er den Zug einholte, ein Donnerwetter des Chefs war nicht zu vermeiden, denn der Geschäftsdiener hatte beim Fünfuhrzug gewartet und die Meldung von seiner Versäumnis längst erstattet. Es war eine Kreatur des Chefs, ohne Rückgrat* und Verstand. Wie nun, wenn er sich krank meldete? Das wäre aber äußerst peinlich und verdächtig, denn Gregor war während seines fünfjährigen Dienstes noch nicht einmal krank gewesen. Gewiß würde der Chef mit dem Krankenkassenarzt kommen, würde den Eltern wegen des faulen Sohnes Vorwürfe machen und alle Einwände durch den Hinweis auf den Krankenkassenarzt abschneiden,* für den es ja überhaupt nur ganz gesunde, aber arbeitsscheue Menschen gibt.

Und hätte er übrigens in diesem Falle so ganz unrecht? Gregor fühlte sich tatsächlich, abgesehen von einer nach dem langen Schlaf wirklich überflüssigen Schläfrigkeit, ganz wohl und hatte sogar einen besonders kräftigen Hunger.

Als er dies alles in größter Eile überlegte, ohne sich entschließen zu können, das Bett zu verlassen – gerade schlug der Wecker dreiviertel sieben – klopfte es vorsichtig an die Tür am Kopfende seines Bettes. »Gregor,« rief es – es war die Mutter – »es ist dreiviertel sieben. Wolltest du nicht wegfahren?« Die sanfte Stimme! Gregor erschrak, als er seine antwortende Stimme hörte, die wohl unverkennbar seine frühere war, in die sich aber, wie von unten her, ein nicht zu unterdrückendes, schmerzliches Piepsen mischte, das die Worte förmlich nur im ersten Augenblick in ihrer Deutlichkeit beließ, um sie im Nachklang derart zu zerstören,* daß man nicht wußte, ob man recht gehört hatte. Gregor hatte ausführlich antworten und alles erklären wollen, beschränkte sich aber bei diesen Umständen darauf, zu sagen: »Ja, ja, danke Mutter, ich stehe schon auf.« Infolge der Holztür war die Veränderung in Gregors Stimme draußen wohl nicht zu merken, denn die Mutter beruhigte sich mit dieser Erklärung und schlürfte* davon. Aber durch das kleine Gespräch waren die anderen Familienmitglieder darauf aufmerksam geworden, daß Gregor wider Erwarten noch zu Hause war, und schon klopfte an der einen Seitentür der Vater, schwach, aber mit der Faust. »Gregor, Gregor,« rief er, »was ist denn?« Und nach einer kleinen Weile mahnte er nochmals mit tieferer Stimme: »Gregor, Gregor!« An der anderen Seitentür aber klagte leise die Schwester: »Gregor? Ist dir nicht wohl? Brauchst du etwas?« Nach beiden Seiten hin antwortete Gregor: »Bin schon fertig,« und bemühte sich, durch die sorgfältigste Aussprache und durch Einschaltung von langen Pausen zwischen den einzelnen Worten seiner Stimme alles Auffallende zu nehmen. Der Vater kehrte auch zu seinem Frühstück zurück, die Schwester aber flüsterte: »Gregor, mach auf, ich beschwöre dich.« Gregor aber dachte gar nicht daran aufzumachen, sondern lobte die vom Reisen her übernommene Vorsicht, auch zu Hause alle Türen während der Nacht zu versperren.

Zunächst wollte er ruhig und ungestört aufstehen, sich anziehen und vor allem frühstücken, und dann erst das Weitere überlegen, denn, das merkte er wohl, im Bett würde er mit dem Nachdenken zu keinem vernünftigen Ende kommen. Er erinnerte sich, schon öfters im Bett irgendeinen vielleicht durch ungeschicktes Liegen erzeugten, leichten Schmerz empfunden zu haben, der sich dann beim Aufstehen als reine Einbildung herausstellte, und er war gespannt, wie sich seine heutigen Vorstellungen allmählich auflösen würden. Daß die Veränderung der Stimme nichts anderes war, als der Vorbote einer tüchtigen Verkühlung,* einer Berufskrankheit der Reisenden, daran zweifelte er nicht im geringsten.

Die Decke abzuwerfen war ganz einfach; er brauchte sich nur ein wenig aufzublasen und sie fiel von selbst. Aber weiterhin wurde es schwierig, besonders weil er so ungemein breit war. Er hätte Arme und Hände gebraucht, um sich aufzurichten; statt dessen aber hatte er nur die vielen Beinchen, die ununterbrochen in der verschiedensten Bewegung waren und die er überdies nicht beherrschen konnte. Wollte er eines einmal einknicken, so war es das erste, daß es sich streckte;* und gelang es ihm endlich, mit diesem Bein das auszuführen, was er wollte, so arbeiteten inzwischen alle anderen, wie freigelassen, in höchster, schmerzlicher Aufregung. »Nur sich nicht im Bett unnütz aufhalten,« sagte sich Gregor.

Zuerst wollte er mit dem unteren Teil seines Körpers aus dem Bett hinauskommen, aber dieser untere Teil, den er übrigens noch nicht gesehen hatte und von dem er sich auch keine rechte Vorstellung machen konnte, erwies sich als zu schwer beweglich; es ging so langsam; und als er schließlich, fast wild geworden, mit gesammelter Kraft, ohne Rücksicht sich vorwärtsstieß, hatte er die Richtung falsch gewählt, schlug an den unteren Bettpfosten heftig an, und der

brennende Schmerz, den er empfand, belehrte ihn, daß gerade
der untere Teil seines Körpers augenblicklich vielleicht der
empfindlichste war.

Er versuchte es daher, zuerst den Oberkörper aus dem Bett
zu bekommen, und drehte vorsichtig den Kopf dem Bettrand
zu. Dies gelang auch leicht, und trotz ihrer Breite und
Schwere folgte schließlich die Körpermasse langsam der
Wendung des Kopfes. Aber als er den Kopf endlich außerhalb des Bettes in der freien Luft hielt, bekam er Angst,
weiter auf diese Weise vorzurücken, denn wenn er sich
schließlich so fallen ließ, mußte geradezu ein Wunder
geschehen, wenn der Kopf nicht verletzt werden sollte. Und
die Besinnung durfte er gerade jetzt um keinen Preis verlieren; lieber wollte er im Bett bleiben.

Aber als er wieder nach gleicher Mühe aufseufzend so
dalag wie früher, und wieder seine Beinchen womöglich noch
ärger gegeneinander kämpfen sah und keine Möglichkeit
fand, in diese Willkür Ruhe und Ordnung zu bringen, sagte
er sich wieder, daß er unmöglich im Bett bleiben könne und
daß es das Vernünftigste sei, alles zu opfern, wenn auch nur
die kleinste Hoffnung bestünde, sich dadurch vom Bett zu
befreien. Gleichzeitig aber vergaß er nicht, sich zwischendurch daran zu erinnern*, daß viel besser als verzweifelte
Entschlüsse ruhige und ruhigste Überlegung sei. In solchen
Augenblicken richtete er die Augen möglichst scharf auf das
Fenster, aber leider war aus dem Anblick des Morgennebels,
der sogar die andere Seite der engen Straße verhüllte, wenig
Zuversicht und Munterkeit zu holen. »Schon sieben Uhr,«
sagte er sich beim neuerlichen Schlagen des Weckers, »schon
sieben Uhr und noch immer ein solcher Nebel.« Und ein Weilchen lang lag er ruhig mit schwachem Atem, als erwarte er
vielleicht von der völligen Stille die Wiederkehr der wirk-
lichen und selbstverständlichen Verhältnisse.

Dann aber sagte er sich: »Ehe es einviertel acht schlägt, muß
ich unbedingt das Bett vollständig verlassen haben. Im
übrigen wird auch bis dahin jemand aus dem Geschäft
kommen, um nach mir zu fragen, denn das Geschäft wird vor

sieben Uhr geöffnet.« Und er machte sich nun daran, den Körper in seiner ganzen Länge vollständig gleichmäßig aus dem Bett hinauszuschaukeln. Wenn er sich auf diese Weise aus dem Bett fallen ließ, blieb der Kopf, den er beim Fall scharf heben wollte, voraussichtlich unverletzt. Der Rücken schien hart zu sein; dem würde wohl bei dem Fall auf den Teppich nichts geschehen. Das größte Bedenken machte ihm die Rücksicht auf den lauten Krach, den es geben müßte und der wahrscheinlich hinter allen Türen wenn nicht Schrecken, so doch Besorgnisse erregen würde. Das mußte aber gewagt werden.

Als Gregor schon zur Hälfte aus dem Bette ragte – die neue Methode war mehr ein Spiel als eine Anstrengung, er brauchte immer nur ruckweise zu schaukeln –, fiel ihm ein, wie einfach alles wäre, wenn man ihm zu Hilfe käme. Zwei starke Leute – er dachte an seinen Vater und das Dienstmädchen – hätten vollständig genügt; sie hätten ihre Arme nur unter seinen gewölbten Rücken schieben, ihn so aus dem Bett schälen, sich mit der Last niederbeugen und dann bloß vorsichtig dulden müssen, daß er den Überschwung auf dem Fußboden vollzog, wo dann die Beinchen hoffentlich einen Sinn bekommen würden.* Nun, ganz abgesehen davon, daß die Türen versperrt waren, hätte er wirklich um Hilfe rufen sollen? Trotz aller Not konnte er bei diesem Gedanken ein Lächeln nicht unterdrücken.

Schon war er so weit, daß er bei stärkerem Schaukeln kaum das Gleichgewicht noch erhielt, und sehr bald mußte er sich nun endgültig entscheiden, denn es war in fünf Minuten einviertel acht, – als es an der Wohnungstür läutete. »Das ist jemand aus dem Geschäft,« sagte er sich und erstarrte fast, während seine Beinchen nur desto eiliger tanzten. Einen Augenblick blieb alles still. »Sie öffnen nicht,« sagte sich Gregor, befangen in irgendeiner unsinnigen Hoffnung.* Aber dann ging natürlich wie immer das Dienstmädchen festen Schrittes zur Tür und öffnete. Gregor brauchte nur das erste Grußwort des Besuchers zu hören und wußte schon, wer es war – der Prokurist selbst. Warum war nur Gregor dazu verurteilt, bei einer Firma zu dienen, wo man bei der kleinsten Versäumnis gleich den größten Verdacht faßte? Waren denn alle Angestellten samt und sonders Lumpen,* gab es denn unter ihnen keinen treuen ergebenen Menschen, der, wenn er auch nur ein paar Morgenstunden für das Geschäft nicht ausgenützt hatte, vor Gewissensbissen närrisch wurde und geradezu nicht imstande war, das Bett zu verlassen? Genügte es wirklich nicht, einen Lehrjungen nachfragen zu lassen – wenn überhaupt diese Fragerei nötig war – mußte da der Prokurist selbst kommen, und mußte dadurch der ganzen unschuldigen Familie gezeigt werden, daß die Untersuchung dieser verdächtigen Angelegenheit nur dem Verstand des Prokuristen anvertraut werden konnte? Und mehr infolge der Erregung, in welche Gregor durch diese Überlegungen versetzt wurde, als infolge eines richtigen Entschlusses, schwang er sich mit aller Macht aus dem Bett. Es gab einen lauten Schlag, aber ein eigentlicher Krach war es nicht. Ein wenig wurde der Fall durch den Teppich abgeschwächt, auch war der Rücken elastischer, als Gregor gedacht hatte, daher kam der nicht gar so auffallende dumpfe Klang. Nur den Kopf hatte er nicht vorsichtig genug gehalten und ihn angeschlagen; er drehte ihn und rieb ihn an dem Teppich vor Ärger und Schmerz.

»Da drin ist etwas gefallen,« sagte der Prokurist im Nebenzimmer links. Gregor suchte sich vorzustellen, ob nicht auch einmal dem Prokuristen etwas Ähnliches passieren könnte, wie heute ihm; die Möglichkeit dessen mußte man doch eigentlich zugeben. Aber wie zur rohen Antwort auf diese Frage machte jetzt der Prokurist im Nebenzimmer ein paar bestimmte Schritte und ließ seine Lackstiefel knarren. Aus dem Nebenzimmer rechts flüsterte die Schwester, um Gregor zu verständigen: »Gregor, der Prokurist ist da.« »Ich weiß,« sagte Gregor vor sich hin; aber so laut, daß es die Schwester hätte hören können, wagte er die Stimme nicht zu erheben.

»Gregor,« sagte nun der Vater aus dem Nebenzimmer links, »der Herr Prokurist ist gekommen und erkundigt sich, warum du nicht mit dem Frühzug weggefahren bist. Wir wissen nicht, was wir ihm sagen sollen. Übrigens will er auch mit dir persönlich sprechen. Also bitte mach die Tür auf. Er wird die Unordnung im Zimmer zu entschuldigen schon die Güte haben.« »Guten Morgen, Herr Samsa,« rief der Prokurist freundlich dazwischen, »Ihm ist nicht wohl,« sagte die Mutter zum Prokuristen, während der Vater noch an der Tür redete, »ihm ist nicht wohl, glauben Sie mir, Herr Prokurist. Wie würde denn Gregor sonst einen Zug versäumen! Der Junge hat ja nichts im Kopf als das Geschäft. Ich ärgere mich schon fast, daß er abends niemals ausgeht; jetzt war er doch acht Tage in der Stadt, aber jeden Abend war er zu Hause. Da sitzt er bei uns am Tisch und liest still die Zeitung oder studiert Fahrpläne. Es ist schon eine Zerstreuung für ihn, wenn er sich mit Laubsägearbeiten beschäftigt. Da hat er zum Beispiel im Laufe von zwei, drei Abenden einen kleinen Rahmen geschnitzt; Sie werden staunen, wie hübsch er ist; er hängt drin im Zimmer; Sie werden ihn gleich sehen, bis* Gregor aufmacht. Ich bin übrigens glücklich, daß Sie da sind, Herr Prokurist; wir allein hätten Gregor nicht dazu gebracht, die Tür zu öffnen; er ist so hartnäckig; und bestimmt ist ihm nicht wohl, trotzdem er es am Morgen geleugnet hat.« »Ich komme gleich,« sagte Gregor langsam und bedächtig und rührte sich nicht, um kein Wort der Gespräche zu verlieren. »Anders, gnädige Frau, kann ich es mir auch nicht erklären,« sagte der Prokurist, »hoffentlich ist es nichts Ernstes. Wenn ich auch andererseits sagen muß, daß wir Geschäftsleute – wie man will, leider oder glücklicherweise* – ein leichtes Unwohlsein sehr oft aus geschäftlichen Rücksichten einfach überwinden müssen.« »Also kann der Herr Prokurist schon zu dir hinein?« fragte der ungeduldige Vater und klopfte wiederum an die Tür. »Nein,« sagte Gregor. Im Nebenzimmer links trat eine peinliche Stille ein, im Nebenzimmer rechts begann die Schwester zu schluchzen.

Warum ging denn die Schwester nicht zu den anderen? Sie war wohl erst jetzt aus dem Bett aufgestanden und hatte noch gar nicht angefangen sich anzuziehen. Und warum weinte sie denn? Weil er nicht aufstand und den Prokuristen nicht

hereinließ, weil er in Gefahr war, den Posten zu verlieren und
weil dann der Chef die Eltern mit den alten Forderungen
wieder verfolgen würde? Das waren doch vorläufig wohl
unnötige Sorgen. Noch war Gregor hier und dachte nicht im
geringsten daran, seine Familie zu verlassen. Augenblicklich
lag er wohl da auf dem Teppich, und niemand, der seinen
Zustand gekannt hätte, hätte im Ernst von ihm verlangt, daß
er den Prokuristen hereinlasse. Aber wegen dieser kleinen
Unhöflichkeit, für die sich ja später leicht eine passende
Ausrede finden würde, konnte Gregor doch nicht gut sofort
weggeschickt werden. Und Gregor schien es, daß es viel ver-
nünftiger wäre, ihn jetzt in Ruhe zu lassen, statt ihn mit
Weinen und Zureden zu stören. Aber es war eben die Unge-
wißheit, welche die anderen bedrängte und ihr Benehmen
entschuldigte.

»Herr Samsa,« rief nun der Prokurist mit erhobener
Stimme, »was ist denn los? Sie verbarrikadieren sich da in
Ihrem Zimmer, antworten bloß mit ja und nein, machen Ihren
Eltern schwere, unnötige Sorgen und versäumen – dies nur
nebenbei erwähnt – Ihre geschäftlichen Pflichten in einer
eigentlich unerhörten Weise. Ich spreche hier im Namen Ihrer
Eltern und Ihres Chefs und bitte Sie ganz ernsthaft um eine
augenblickliche, deutliche Erklärung. Ich staune, ich staune.
Ich glaubte Sie als einen ruhigen, vernünftigen Menschen zu
kennen, und nun scheinen Sie plötzlich anfangen zu wollen,
mit sonderbaren Launen zu paradieren. Der Chef deutete
mir zwar heute früh eine mögliche Erklärung für Ihre
Versäumnis an – sie betraf das Ihnen seit kurzem anvertraute Inkasso* –, aber ich legte wahrhaftig fast mein
Ehrenwort dafür ein, daß diese Erklärung nicht zutreffen
könne. Nun aber sehe ich hier Ihren unbegreiflichen Starrsinn und verliere ganz und gar jede Lust, mich auch nur im
geringsten für Sie einzusetzen. Und Ihre Stellung ist durchaus
nicht die festeste. Ich hatte ursprünglich die Absicht,
Ihnen das alles unter vier Augen zu sagen, aber da Sie mich
hier nutzlos meine Zeit versäumen lassen, weiß ich nicht,
warum es nicht auch Ihre Herren Eltern erfahren sollen. Ihre

Leistungen in der letzten Zeit waren also sehr unbefriedigend; es ist zwar nicht die Jahreszeit, um besondere Geschäfte zu machen, das erkennen wir an; aber eine Jahreszeit, um keine Geschäfte zu machen, gibt es überhaupt nicht, Herr Samsa, darf es nicht geben.«

»Aber Herr Prokurist,« rief Gregor außer sich und vergaß in der Aufregung alles andere, »ich mache ja sofort, augenblicklich auf. Ein leichtes Unwohlsein, ein Schwindelanfall, haben mich verhindert aufzustehen. Ich liege noch jetzt im Bett. Jetzt bin ich aber schon wieder ganz frisch. Eben steige ich aus dem Bett. Nur einen kleinen Augenblick Geduld! Es geht noch nicht so gut, wie ich dachte. Es ist mir aber schon wohl. Wie das nur einen Menschen so überfallen kann! Noch gestern abend war mir ganz gut, meine Eltern wissen es ja, oder besser, schon gestern Abend hatte ich eine kleine Vorahnung. Man hätte es mir ansehen müssen. Warum habe ich es nur im Geschäfte nicht gemeldet! Aber man denkt eben immer, daß man die Krankheit ohne Zuhausebleiben überstehen wird. Herr Prokurist! Schonen Sie meine Eltern! Für alle die Vorwürfe, die Sie mir jetzt machen, ist ja kein Grund; man hat mir ja davon auch kein Wort gesagt. Sie haben vielleicht die letzten Aufträge, die ich geschickt habe, nicht gelesen. Übrigens, noch mit dem Achtuhrzug fahre ich auf die Reise, die paar Stunden Ruhe haben mich gekräftigt. Halten Sie sich nur nicht auf, Herr Prokurist; ich bin gleich selbst im Geschäft, und haben Sie die Güte, das zu sagen und mich dem Herrn Chef zu empfehlen!«

Und während Gregor dies alles hastig ausstieß und kaum wußte, was er sprach, hatte er sich leicht, wohl infolge der im Bett bereits erlangten Übung,* dem Kasten genähert und versuchte nun, an ihm sich aufzurichten. Er wollte tatsächlich die Tür aufmachen, tatsächlich sich sehen lassen und mit dem Prokuristen sprechen; er war begierig zu erfahren, was die anderen, die jetzt so nach ihm verlangten, bei seinem Anblick sagen würden. Würden sie erschrecken, dann hatte Gregor keine Verantwortung mehr und konnte ruhig sein. Würden sie aber alles ruhig hinnehmen, dann hatte auch er

keinen Grund sich aufzuregen, und konnte, wenn er sich
beeilte, um acht Uhr tatsächlich auf dem Bahnhof sein.
Zuerst glitt er nun einigemale von dem glatten Kasten ab,
aber endlich gab er sich einen letzten Schwung und stand
aufrecht da; auf die Schmerzen im Unterleib achtete er gar
nicht mehr, so sehr sie auch brannten. Nun ließ er sich gegen
die Rückenlehne eines nahen Stuhles fallen, an deren Rän-
dern er sich mit seinen Beinchen festhielt. Damit hatte er
aber auch die Herrschaft über sich erlangt und verstummte,
denn nun konnte er den Prokuristen anhören.

»Haben Sie auch nur ein Wort verstanden?« fragte der
Prokurist die Eltern, »er macht sich doch wohl nicht einen
Narren aus uns?« »Um Gottes willen,« rief die Mutter schon
unter Weinen, »er ist vielleicht schwer krank, und wir quälen
ihn. Grete! Grete!« schrie sie dann. »Mutter?« rief die
Schwester von der anderen Seite. Sie verständigten sich durch
Gregors Zimmer. »Du mußt augenblicklich zum Arzt. Gregor
ist krank. Rasch um den Arzt. Hast du Gregor jetzt reden
hören?« »Das war eine Tierstimme,« sagte der Prokurist, auffallend leise gegenüber dem Schreien der Mutter. »Anna!
Anna!« rief der Vater durch das Vorzimmer in die Küche und
klatschte in die Hände, »sofort einen Schlosser holen!« Und
schon liefen die zwei Mädchen mit rauschenden Röcken
durch das Vorzimmer – wie hatte sich die Schwester denn so
schnell angezogen? – und rissen die Wohnungstüre auf.
Man hörte gar nicht die Türe zuschlagen; sie hatten sie
wohl offen gelassen, wie es in Wohnungen zu sein pflegt,
in denen ein großes Unglück geschehen ist.*

Gregor war aber viel ruhiger geworden. Man verstand
zwar also seine Worte nicht mehr, trotzdem* sie ihm genug
klar, klarer als früher, vorgekommen waren, vielleicht
infolge der Gewöhnung des Ohres. Aber immerhin glaubte
man nun schon daran, daß es mit ihm nicht ganz in Ordnung
war, und war bereit, ihm zu helfen. Die Zuversicht und
Sicherheit, mit welchen die ersten Anordnungen getroffen
worden waren,* taten ihm wohl. Er fühlte sich wieder
einbezogen in den menschlichen Kreis und erhoffte von

beiden, vom Arzt und vom Schlosser, ohne sie eigentlich genau zu scheiden, großartige und überraschende Leistungen. Um für die sich nähernden entscheidenden Besprechungen eine möglichst klare Stimme zu bekommen, hustete er ein wenig ab, allerdings bemüht, dies ganz gedämpft zu tun, da möglicherweise auch schon dieses Geräusch anders als menschlicher Husten klang, was er selbst zu entscheiden sich nicht mehr getraute. Im Nebenzimmer war es inzwischen ganz still geworden. Vielleicht saßen die Eltern mit dem Prokuristen beim Tisch und tuschelten, vielleicht lehnten alle an der Türe und horchten.

Gregor schob sich langsam mit dem Sessel* zur Tür hin, ließ ihn dort los, warf sich gegen die Tür, hielt sich an ihr aufrecht – die Ballen seiner Beinchen hatten ein wenig Klebstoff – und ruhte sich dort einen Augenblick lang von der Anstrengung aus. Dann aber machte er sich daran, mit dem Mund den Schlüssel im Schloß umzudrehen. Es schien leider, daß er keine eigentlichen Zähne hatte, – womit sollte er gleich den Schlüssel fassen? – aber dafür* waren die Kiefer freilich sehr stark; mit ihrer Hilfe brachte er auch wirklich den Schlüssel in Bewegung und achtete nicht darauf, daß er sich zweifellos irgendeinen Schaden zufügte,* denn eine braune Flüssigkeit kam ihm aus dem Mund, floß über den Schlüssel und tropfte auf den Boden. »Hören Sie nur,« sagte der Prokurist im Nebenzimmer, »er dreht den Schlüssel um.« Das war für Gregor eine große Aufmunterung; aber alle hätten ihm zurufen sollen, auch der Vater und die Mutter: »Frisch, Gregor,« hätten sie rufen sollen, «immer nur heran, fest an das Schloß heran!« Und in der Vorstellung, daß alle seine Bemühungen mit Spannung verfolgten, verbiß er sich mit allem, was er an Kraft aufbringen konnte, besinnungslos in den Schlüssel. Je nach dem Fortschreiten der Drehung des Schlüssels umtanzte er das Schloß; hielt sich jetzt nur noch mit dem Munde aufrecht, und je nach Bedarf hing er sich an den Schlüssel oder drückte ihn dann wieder nieder mit der ganzen Last seines Körpers. Der hellere Klang des endlich zurückschnappenden Schlosses erweckte Gregor förmlich.

Aufatmend sagte er sich: »Ich habe also den Schlosser nicht gebraucht,« und legte den Kopf auf die Klinke, um die Türe gänzlich zu öffnen.

Da er die Türe auf diese Weise öffnen mußte, war sie eigentlich schon recht weit geöffnet, und er selbst noch nicht zu sehen. Er mußte sich erst langsam um den einen Türflügel herumdrehen, und zwar sehr vorsichtig, wenn er nicht gerade vor dem Eintritt ins Zimmer plump auf den Rücken fallen wollte. Er war noch mit jener schwierigen Bewegung beschäftigt und hatte nicht Zeit, auf anderes zu achten, da hörte er schon den Prokuristen ein lautes »Oh!« ausstoßen – es klang, wie wenn der Wind saust – und nun sah er ihn auch, wie er, der der Nächste an der Türe war, die Hand gegen den offenen Mund drückte und langsam zurückwich, als vertreibe ihn eine unsichtbare, gleichmäßig fortwirkende Kraft. Die Mutter – sie stand hier trotz der Anwesenheit des Prokuristen mit von der Nacht her noch aufgelösten, hoch sich sträubenden Haaren – sah zuerst mit gefalteten Händen den Vater an, ging dann zwei Schritte zu Gregor hin und fiel inmitten ihrer rings um sie herum sich ausbreitenden Röcke nieder,* das Gesicht ganz unauffindbar zu ihrer Brust gesenkt. Der Vater ballte mit feindseligem Ausdruck die Faust, als wolle er Gregor in sein Zimmer zurückstoßen, sah sich dann unsicher im Wohnzimmer um, beschattete dann mit den Händen die Augen und weinte, daß sich seine mächtige Brust schüttelte.

Gregor trat nun gar nicht in das Zimmer, sondern lehnte sich von innen an den festgeriegelten Türflügel,* so daß sein Leib nur zur Hälfte und darüber der seitlich geneigte Kopf zu sehen war, mit dem er zu den anderen hinüberlugte. Es war inzwischen viel heller geworden; klar stand auf der anderen Straßenseite ein Ausschnitt des gegenüberliegenden, endlosen, grauschwarzen Hauses – es war ein Krankenhaus – mit seinen hart die Front durchbrechenden regelmäßigen Fenstern; der Regen fiel noch nieder, aber nur mit großen, einzeln sichtbaren und förmlich auch einzelnweise auf die Erde hinuntergeworfenen Tropfen. Das Frühstücksgeschirr

stand in überreicher Zahl auf dem Tisch, denn für den Vater
war das Frühstück die wichtigste Mahlzeit des Tages, die er
bei der Lektüre verschiedener Zeitungen stundenlang hin-
zog. Gerade an der gegenüber liegenden Wand hing eine
Photographie Gregors aus seiner Militärzeit, die ihn als
Leutnant darstellte, wie er, die Hand am Degen, sorglos
lächelnd, Respekt für seine Haltung und Uniform verlangte. Die Tür zum Vorzimmer war geöffnet, und man sah,
da auch die Wohnungstür offen war, auf den Vorplatz der
Wohnung hinaus und auf den Beginn der abwärts führenden
Treppe.

»Nun,« sagte Gregor und war sich dessen wohl bewußt,
daß er der einzige war, der die Ruhe bewahrt hatte, »ich
werde mich gleich anziehen, die Kollektion zusammen-
packen und wegfahren. Wollt Ihr, wollt Ihr mich wegfahren
lassen? Nun, Herr Prokurist, Sie sehen, ich bin nicht starrköpfig und ich arbeite gern; das Reisen ist beschwerlich,
aber ich könnte ohne das Reisen nicht leben. Wohin gehen
Sie denn, Herr Prokurist? Ins Geschäft? Ja? Werden Sie alles
wahrheitsgetreu berichten? Man kann im Augenblick unfähig sein zu arbeiten, aber dann ist gerade der richtige Zeit-
punkt, sich an die früheren Leistungen zu erinnern und zu
bedenken, daß man später, nach Beseitigung des Hindernisses,* gewiß desto fleißiger und gesammelter arbeiten wird.
Ich bin ja dem Herrn Chef so sehr verpflichtet, das wissen Sie
doch recht gut. Andererseits habe ich die Sorge um meine
Eltern und die Schwester. Ich bin in der Klemme,* ich werde
mich aber auch wieder herausarbeiten. Machen Sie es mir
aber nicht schwieriger, als es schon ist. Halten Sie im
Geschäft meine Partei!* Man liebt den Reisenden nicht, ich
weiß. Man denkt, er verdient ein Heidengeld* und führt
dabei ein schönes Leben. Man hat eben keine besondere
Veranlassung, dieses Vorurteil besser zu durchdenken. Sie
aber, Herr Prokurist, Sie haben einen besseren Überblick
über die Verhältnisse, als das sonstige Personal, ja sogar,
ganz im Vertrauen gesagt, einen besseren Überblick, als der
Herr Chef selbst, der in seiner Eigenschaft als Unternehmer

sich in seinem Urteil leicht zu Ungunsten eines Angestellten beirren läßt.* Sie wissen auch sehr wohl, daß der Reisende, der fast das ganze Jahr außerhalb des Geschäftes ist, so leicht ein Opfer von Klatschereien, Zufälligkeiten und grundlosen Beschwerden* werden kann, gegen die sich zu wehren ihm ganz unmöglich ist, da er von ihnen meistens gar nichts erfährt und nur dann, wenn er erschöpft eine Reise beendet hat, zu Hause die schlimmen, auf ihre Ursachen hin nicht mehr zu durchschauenden Folgen* am eigenen Leibe zu spüren bekommt. Herr Prokurist, gehen Sie nicht weg, ohne mir ein Wort gesagt zu haben, das mir zeigt, daß Sie mir wenigstens zu einem kleinen Teil recht geben!«

Aber der Prokurist hatte sich schon bei den ersten Worten Gregors abgewendet, und nur über die zuckende Schulter hinweg sah er mit aufgeworfenen Lippen nach Gregor zurück. Und während Gregors Rede stand er keinen Augenblick still, sondern verzog sich, ohne Gregor aus den Augen zu lassen, gegen die Tür, aber ganz allmählich, als bestehe ein geheimes Verbot, das Zimmer zu verlassen. Schon war er im Vorzimmer, und nach der plötzlichen Bewegung, mit der er zum letztenmal den Fuß aus dem Wohnzimmer zog, hätte man glauben können, er habe sich soeben die Sohle verbrannt. Im Vorzimmer aber streckte er die rechte Hand weit von sich zur Treppe hin, als warte dort auf ihn eine geradezu überirdische Erlösung.*

Gregor sah ein, daß er den Prokuristen in dieser Stimmung auf keinen Fall weggehen lassen dürfe, wenn dadurch seine Stellung im Geschäft nicht aufs äußerste gefährdet werden sollte. Die Eltern verstanden das alles nicht so gut; sie hatten sich in den langen Jahren die Überzeugung gebildet, daß Gregor in diesem Geschäft für sein Leben versorgt war, und hatten außerdem jetzt mit den augenblicklichen Sorgen so viel zu tun, daß ihnen jede Voraussicht abhanden gekommen war. Aber Gregor hatte diese Voraussicht. Der Prokurist mußte gehalten, beruhigt, überzeugt und schließlich gewonnen werden; die Zukunft Gregors und seiner Familie hing doch davon ab! Wäre doch die Schwester hier gewesen! Sie war klug; sie hatte schon geweint, als Gregor noch ruhig auf dem Rücken lag. Und gewiß hätte der Prokurist, dieser Damenfreund, sich von ihr lenken lassen;* sie hätte die Wohnungstür zugemacht und ihm im Vorzimmer den Schrecken ausgeredet. Aber die Schwester war eben nicht da, Gregor selbst mußte handeln. Und ohne daran zu denken, daß er seine gegenwärtigen Fähigkeiten, sich zu bewegen, noch gar nicht kannte, ohne auch daran zu denken, daß seine Rede möglicher- ja wahrscheinlicherweise wieder nicht verstanden worden war, verließ er den Türflügel, schob sich durch die Öffnung; wollte zum Prokuristen hingehen, der sich schon am Geländer des Vorplatzes lächerlicherweise mit beiden Händen festhielt; fiel aber sofort, nach einem Halt suchend, mit einem kleinen Schrei auf seine vielen Beinchen nieder. Kaum war das geschehen, fühlte er zum erstenmal an diesem Morgen ein körperliches Wohlbehagen; die Beinchen hatten festen Boden unter sich; sie gehorchten vollkommen, wie er zu seiner Freude merkte; strebten sogar darnach, ihn fortzutragen, wohin er wollte; und schon glaubte er, die endgültige Besserung alles Leidens* stehe unmittelbar bevor. Aber im gleichen Augenblick, als er da schaukelnd vor verhaltener Bewegung,* gar nicht weit von seiner Mutter entfernt, ihr gerade gegenüber auf dem Boden lag, sprang diese, die doch so ganz in sich versunken schien, mit einemmale in die Höhe, die Arme weit ausgestreckt, die Finger gespreizt, rief: »Hilfe, um Gottes willen Hilfe!«, hielt den Kopf geneigt, als wolle sie Gregor besser sehen, lief aber, im Widerspruch dazu, sinnlos* zurück, hatte vergessen, daß hinter ihr der gedeckte Tisch stand; setzte sich als sie bei ihm angekommen war, wie in Zerstreutheit, eilig auf ihn; und schien gar nicht zu merken, daß neben ihr aus der umgeworfenen großen Kanne der Kaffee in vollem Strome auf den Teppich sich ergoß.

»Mutter, Mutter,« sagte Gregor leise, und sah zu ihr hinauf. Der Prokurist war ihm für einen Augenblick ganz aus dem Sinn gekommen; dagegen konnte er sich nicht versagen, im Anblick des fließenden Kaffees mehrmals mit den Kiefern ins

Leere zu schnappen. Darüber schrie die Mutter neuerdings auf, flüchtete vom Tisch und fiel dem ihr entgegeneilenden Vater in die Arme. Aber Gregor hatte jetzt keine Zeit für seine Eltern; der Prokurist war schon auf der Treppe; das Kinn auf dem Geländer, sah er noch zum letzten Male zurück. Gregor nahm einen Anlauf,* um ihn möglichst sicher einzuholen; der Prokurist mußte etwas ahnen,* denn er machte einen Sprung über mehrere Stufen und verschwand; »Huh!« aber schrie er noch, es klang durchs ganze Treppenhaus. Leider schien nun auch diese Flucht des Prokuristen den Vater, der bisher verhältnismäßig gefaßt gewesen war, völlig zu verwirren, denn statt selbst dem Prokuristen nachzulaufen oder wenigstens Gregor in der Verfolgung nicht zu hindern, packte er mit der Rechten den Stock des Prokuristen, den dieser mit Hut und Überzieher auf einem Sessel zurückgelassen hatte, holte mit der Linken eine große Zeitung vom Tisch und machte sich unter Füßestampfen daran, Gregor durch Schwenken des Stockes und der Zeitung in sein Zimmer zurückzutreiben. Kein Bitten Gregors half, kein Bitten wurde auch verstanden, er mochte den Kopf noch so demütig drehen, der Vater stampfte nur stärker mit den Füßen. Drüben hatte die Mutter trotz des kühlen Wetters ein Fenster aufgerissen, und hinausgelehnt drückte sie ihr Gesicht weit außerhalb des Fensters in ihre Hände. Zwischen Gasse und Treppenhaus entstand eine starke Zugluft, die Fenstervorhänge flogen auf, die Zeitungen auf dem Tische rauschten, einzelne Blätter wehten über den Boden hin. Unerbittlich drängte der Vater und stieß Zischlaute aus, wie ein Wilder. Nun hatte aber Gregor noch gar keine Übung im Rückwärtsgehen, es ging wirklich sehr langsam. Wenn sich Gregor nur hätte umdrehen dürfen, er wäre gleich in seinem Zimmer gewesen, aber er fürchtete sich, den Vater durch die zeitraubende Umdrehung ungeduldig zu machen, und jeden Augenblick drohte ihm doch von dem Stock in des Vaters Hand* der tödliche Schlag auf den Rücken oder auf den Kopf. Endlich aber blieb Gregor doch nichts anderes übrig, denn er merkte mit

Entsetzen, daß er im Rückwärtsgehen nicht einmal die Richtung einzuhalten verstand; und so begann er, unter unaufhörlichen ängstlichen Seitenblicken nach dem Vater, sich nach Möglichkeit rasch, in Wirklichkeit aber doch nur sehr langsam umzudrehen.* Vielleicht merkte der Vater seinen guten Willen, denn er störte ihn hierbei nicht, sondern dirigierte sogar hie und da die Drehbewegung von der Ferne mit der Spitze seines Stockes. Wenn nur nicht dieses unerträgliche Zischen des Vaters gewesen wäre! Gregor verlor darüber ganz den Kopf. Er war schon fast ganz umgedreht, als er sich, immer auf dieses Zischen horchend, sogar irrte und sich wieder ein Stück zurückdrehte. Als er aber endlich glücklich mit dem Kopf vor der Türöffnung war, zeigte es sich, daß sein Körper zu breit war, um ohne weiteres durchzukommen. Dem Vater fiel es natürlich in seiner gegenwärtigen Verfassung auch nicht entfernt ein, etwa den anderen Türflügel zu öffnen, um für Gregor einen genügenden Durchgang zu schaffen. Seine fixe Idee war bloß, daß Gregor so rasch als möglich in sein Zimmer müsse. Niemals hätte er auch die umständlichen Vorbereitungen gestattet, die Gregor brauchte, um sich aufzurichten und vielleicht auf diese Weise durch die Tür zu kommen. Vielmehr trieb er, als gäbe es kein Hindernis, Gregor jetzt unter besonderem Lärm vorwärts; es klang schon hinter Gregor gar nicht mehr wie die Stimme bloß eines einzigen Vaters; nun gab es wirklich keinen Spaß mehr, und Gregor drängte sich – geschehe was wolle – in die Tür. Die eine Seite seines Körpers hob sich, er lag schief in der Türöffnung, seine eine Flanke war ganz wundgerieben, an der weißen Tür blieben häßliche Flecken, bald steckte er fest und hätte sich allein nicht mehr rühren können, die Beinchen auf der einen Seite hingen zitternd oben in der Luft, die auf der anderen waren schmerzhaft zu Boden gedrückt – da gab ihm der Vater von hinten einen jetzt wahrhaftig erlösenden starken Stoß,* und er flog, heftig blutend, weit in sein Zimmer hinein. Die Tür wurde noch mit dem Stock zugeschlagen, dann war es endlich still.

II

Erst in der Abenddämmerung erwachte Gregor aus seinem schweren ohnmachtsähnlichen Schlaf.* Er wäre gewiß nicht viel später auch ohne Störung erwacht, denn er fühlte sich genügend ausgeruht und ausgeschlafen, doch schien es ihm, als hätte ihn ein flüchtiger Schritt und ein vorsichtiges Schließen der zum Vorzimmer führenden Tür geweckt. Der Schein der elektrischen Straßenlampen lag bleich hier und da auf der Zimmerdecke und auf den höheren Teilen der Möbel, aber unten bei Gregor war es finster. Langsam schob er sich, noch ungeschickt mit seinen Fühlern tastend, die er erst jetzt schätzen lernte, zur Türe hin, um nachzusehen, was dort geschehen war. Seine linke Seite schien eine einzige lange, unangenehm spannende Narbe und er mußte auf seinen zwei Beinreihen regelrecht hinken. Ein Beinchen war übrigens im Laufe der vormittägigen Vorfälle schwer verletzt worden – es war fast ein Wunder, daß nur eines verletzt worden war – und schleppte leblos nach.

Erst bei der Tür merkte er, was ihn dorthin eigentlich gelockt hatte; es war der Geruch von etwas Eßbarem gewesen. Denn dort stand ein Napf mit süßer Milch gefüllt, in der kleine Schnitten von Weißbrot schwammen. Fast hätte er vor Freude gelacht, denn er hatte noch größeren Hunger, als am Morgen, und gleich tauchte er seinen Kopf fast bis über die Augen in die Milch hinein. Aber bald zog er ihn enttäuscht wieder zurück; nicht nur, daß ihm das Essen wegen seiner heiklen linken Seite Schwierigkeiten machte – und er konnte nur essen, wenn der ganze Körper schnaufend mitarbeitete –, so schmeckte ihm überdies die Milch, die sonst sein Lieblingsgetränk war, und die ihm gewiß die Schwester deshalb hereingestellt hatte, gar nicht, ja er wandte sich fast mit Widerwillen von dem Napf ab und kroch in die Zimmermitte zurück.

Im Wohnzimmer war, wie Gregor durch die Türspalte sah, das Gas angezündet, aber während sonst zu dieser Tageszeit der Vater seine nachmittags erscheinende Zeitung der Mutter und manchmal auch der Schwester mit erhobener Stimme vorzulesen pflegte, hörte man jetzt keinen Laut. Nun vielleicht war dieses Vorlesen, von dem ihm die Schwester immer erzählte und schrieb, in der letzten Zeit überhaupt aus der Übung gekommen. Aber auch ringsherum war es so still, trotzdem doch gewiß die Wohnung nicht leer war. »Was für ein stilles Leben die Familie doch führte,« sagte sich Gregor und fühlte, während er starr vor sich ins Dunkle sah, einen großen Stolz darüber, daß er seinen Eltern und seiner Schwester ein solches Leben in einer so schönen Wohnung hatte verschaffen können. Wie aber, wenn jetzt alle Ruhe, aller Wohlstand, alle Zufriedenheit ein Ende mit Schrecken* nehmen sollte? Um sich nicht in solche Gedanken zu verlieren, setzte sich Gregor lieber in Bewegung und kroch im Zimmer auf und ab.

Einmal während des langen Abends wurde die eine Seitentüre und einmal die andere bis zu einer kleinen Spalte geöffnet und rasch wieder geschlossen; jemand hatte wohl das Bedürfnis hereinzukommen, aber auch wieder zuviele Bedenken. Gregor machte nun unmittelbar bei der Wohnzimmertür halt, entschlossen, den zögernden Besucher doch irgendwie hereinzubringen oder doch wenigstens zu erfahren, wer es sei; aber nun wurde die Tür nicht mehr geöffnet und Gregor wartete vergebens. Früh, als die Türen versperrt waren, hatten alle zu ihm hereinkommen wollen, jetzt, da er die eine Tür geöffnet hatte und die anderen offenbar während des Tages geöffnet worden waren, kam keiner mehr, und die Schlüssel steckten nun auch von außen.

Spät erst in der Nacht wurde das Licht im Wohnzimmer ausgelöscht, und nun war leicht festzustellen, daß die Eltern und die Schwester so lange wachgeblieben waren, denn wie man genau hören konnte, entfernten sich jetzt alle drei auf den Fußspitzen. Nun kam gewiß bis zum Morgen niemand mehr zu Gregor herein; er hatte also eine lange Zeit, um ungestört zu überlegen, wie er sein Leben jetzt neu ordnen sollte. Aber das hohe freie Zimmer, in dem er gezwungen war, flach auf dem Boden zu liegen, ängstigte ihn, ohne daß er

die Ursache herausfinden konnte, denn es war ja sein seit
fünf Jahren von ihm bewohntes Zimmer – und mit einer
halb unbewußten Wendung und nicht ohne eine leichte Scham
eilte er unter das Kanapee, wo er sich, trotzdem sein Rücken
ein wenig gedrückt wurde und trotzdem er den Kopf nicht
mehr erheben konnte, gleich sehr behaglich fühlte und nur
bedauerte, daß sein Körper zu breit war, um vollständig unter
dem Kanapee untergebracht zu werden.

Dort blieb er die ganze Nacht, die er zum Teil im Halb-
schlaf, aus dem ihn der Hunger immer wieder aufschreckte,
verbrachte, zum Teil aber in Sorgen und undeutlichen Hoff-
nungen, die aber alle zu dem Schlusse führten, daß er sich
vorläufig ruhig verhalten und durch Geduld und größte
Rücksichtnahme der Familie die Unannehmlichkeiten er-
träglich machen müsse, die er ihr in seinem gegenwärtigen
Zustand nun einmal zu verursachen gezwungen war.

Schon am frühen Morgen, es war fast noch Nacht, hatte
Gregor Gelegenheit, die Kraft seiner eben gefaßten
Entschlüsse zu prüfen, denn vom Vorzimmer her öffnete die
Schwester, fast völlig angezogen, die Tür und sah mit Spannung herein. Sie fand ihn nicht gleich, aber als sie ihn unter
dem Kanapee bemerkte – Gott, er mußte doch irgendwo sein,
er hatte doch nicht wegfliegen können* – erschrak sie so
sehr, daß sie, ohne sich beherrschen zu können, die Tür von
außen wieder zuschlug. Aber als bereue sie ihr Benehmen,
öffnete sie die Tür sofort wieder und trat, als sei sie bei einem
Schwerkranken oder gar bei einem Fremden,* auf den
Fußspitzen herein. Gregor hatte den Kopf bis knapp zum
Rande des Kanapees vorgeschoben und beobachtete sie. Ob
sie wohl bemerken würde, daß er die Milch stehen gelassen
hatte, und zwar keineswegs aus Mangel an Hunger, und ob
sie eine andere Speise hereinbringen würde, die ihm besser
entspräch? Täte sie es nicht von selbst, er wollte lieber
verhungern, als sie darauf aufmerksam machen, trotzdem es
ihn eigentlich ungeheuer drängte, unterm Kanapee vorzu-
schießen, sich der Schwester zu Füßen zu werfen und sie um
irgendetwas Gutes zum Essen zu bitten. Aber die Schwester

bemerkte sofort mit Verwunderung den noch vollen Napf, aus dem nur ein wenig Milch ringsherum verschüttet war, sie hob ihn gleich auf, zwar nicht mit den bloßen Händen, sondern mit einem Fetzen, und trug ihn hinaus. Gregor war äußerst neugierig, was sie zum Ersatze bringen würde, und er machte sich die verschiedensten Gedanken darüber. Niemals aber hätte er erraten können, was die Schwester in ihrer Güte wirklich tat. Sie brachte ihm, um seinen Geschmack zu prüfen, eine ganze Auswahl, alles auf einer alten Zeitung ausgebreitet. Da war altes halbverfaultes Gemüse; Knochen vom Nachtmahl her, die von festgewordener weißer Sauce umgeben waren; ein paar Rosinen und Mandeln; ein Käse, den Gregor vor zwei Tagen für ungenießbar erklärt hatte; ein trockenes Brot, ein mit Butter beschmiertes Brot und ein mit Butter beschmiertes und gesalzenes Brot. Außerdem stellte sie zu dem allen noch den wahrscheinlich ein für allemal für Gregor bestimmten Napf, in den sie Wasser gegossen hatte. Und aus Zartgefühl,* da sie wußte, daß Gregor vor ihr nicht essen würde, entfernte sie sich eiligst und drehte sogar den Schlüssel um, damit nur Gregor merken könne, daß er es sich so behaglich machen dürfe, wie er wolle. Gregors Beinchen schwirrten, als es jetzt zum Essen ging. Seine Wunden mußten übrigens auch schon vollständig geheilt sein, er fühlte keine Behinderung mehr, er staunte darüber und dachte daran, wie er vor mehr als einem Monat sich mit dem Messer ganz wenig in den Finger geschnitten, und wie ihm diese Wunde noch vorgestern genug wehgetan hatte. »Sollte ich jetzt weniger Feingefühl haben?«, dachte er und saugte schon gierig an dem Käse, zu dem es ihn vor allen anderen Speisen sofort und nachdrücklich gezogen hatte. Rasch hintereinander und mit vor Befriedigung tränenden Augen verzehrte er den Käse, das Gemüse und die Sauce; die frischen Speisen dagegen schmeckten ihm nicht, er konnte nicht einmal ihren Geruch vertragen und schleppte sogar die Sachen, die er essen wollte, ein Stückchen weiter weg. Er war schon längst mit allem fertig und lag nur noch faul auf der gleichen

Stelle, als die Schwester zum Zeichen, daß er sich zurück-
ziehen solle, langsam den Schlüssel umdrehte. Das schreckte
ihn sofort auf, trotzdem er schon fast schlummerte, und er
eilte wieder unter das Kanapee. Aber es kostete ihn große
Selbstüberwindung, auch nur die kurze Zeit, während
welcher die Schwester im Zimmer war, unter dem Kanapee
zu bleiben, denn von dem reichlichen Essen hatte sich
sein Leib ein wenig gerundet und er konnte dort in der Enge
kaum atmen. Unter kleinen Erstickungsanfällen sah er mit
etwas hervorgequollenen Augen zu, wie die nichtsahnende
Schwester mit einem Besen nicht nur die Überbleibsel
zusammenkehrte, sondern selbst die von Gregor gar nicht
berührten Speisen, als seien also auch diese nicht mehr
zu gebrauchen, und wie sie alles hastig in einen Kübel
schüttete, den sie mit einem Holzdeckel schloß, worauf sie
alles hinaustrug. Kaum hatte sie sich umgedreht, zog sich
schon Gregor unter dem Kanapee hervor und streckte und
blähte sich.

Auf diese Weise bekam nun Gregor täglich sein Essen,
einmal am Morgen, wenn die Eltern und das Dienstmädchen
noch schliefen, das zweitemal nach dem allgemeinen
Mittagessen, denn dann schliefen die Eltern gleichfalls noch
ein Weilchen, und das Dienstmädchen wurde von der
Schwester mit irgendeiner Besorgung weggeschickt. Gewiß*
wollten auch sie nicht, daß Gregor verhungere, aber vielleicht hätten sie es nicht ertragen können, von seinem
Essen mehr als durch Hörensagen zu erfahren, vielleicht
wollte die Schwester ihnen auch eine möglicherweise nur
kleine Trauer ersparen, denn tatsächlich litten sie ja gerade
genug.

Mit welchen Ausreden man an jenem ersten Vormittag den
Arzt und den Schlosser wieder aus der Wohnung geschafft
hatte, konnte Gregor gar nicht erfahren, denn da er nicht
verstanden wurde, dachte niemand daran, auch die
Schwester nicht, daß er die Anderen verstehen könne, und so
mußte er sich, wenn die Schwester in seinem Zimmer war,
damit begnügen, nur hier und da ihre Seufzer und Anrufe der

Heiligen zu hören. Erst später, als sie sich ein wenig an alles gewöhnt hatte – von vollständiger Gewöhnung konnte natürlich niemals die Rede sein – erhaschte Gregor manchmal eine Bemerkung, die freundlich gemeint war oder so gedeutet werden konnte. »Heute hat es ihm aber geschmeckt,« sagte sie, wenn Gregor unter dem Essen tüchtig aufgeräumt hatte, während sie im gegenteiligen Fall, der sich allmählich immer häufiger wiederholte, fast traurig zu sagen pflegte: »Nun ist wieder alles stehengeblieben.«

Während aber Gregor unmittelbar keine Neuigkeit erfahren konnte, erhorchte er manches aus den Nebenzimmern, und wo er nur einmal Stimmen hörte, lief er gleich zu der betreffenden Tür und drückte sich mit ganzem Leib an sie. Besonders in der ersten Zeit gab es kein Gespräch, das nicht irgendwie, wenn auch nur im geheimen, von ihm handelte. Zwei Tage lang waren bei allen Mahlzeiten Beratungen darüber zu hören, wie man sich jetzt verhalten solle; aber auch zwischen den Mahlzeiten sprach man über das gleiche Thema, denn immer waren zumindest zwei Familienmitglieder zu Hause, da wohl niemand allein zu Hause bleiben wollte und man die Wohnung doch auf keinen Fall gänzlich verlassen konnte. Auch hatte das Dienstmädchen gleich am ersten Tag – es war nicht ganz klar, was und wieviel sie von dem Vorgefallenen wußte – kniefällig die Mutter gebeten, sie sofort zu entlassen, und als sie sich eine Viertelstunde danach verabschiedete, dankte sie für die Entlassung unter Tränen, wie für die größte Wohltat, die man ihr hier erwiesen hatte, und gab, ohne daß man es von ihr verlangte, einen fürchterlichen Schwur ab, niemandem auch nur das Geringste zu verraten.

Nun mußte die Schwester im Verein mit der Mutter auch kochen; allerdings machte das nicht viel Mühe, denn man aß fast nichts. Immer wieder hörte Gregor, wie der eine den anderen vergebens zum Essen aufforderte und keine andere Antwort bekam, als: »Danke, ich habe genug« oder etwas Ähnliches. Getrunken wurde vielleicht auch nichts. Öfters fragte die Schwester den Vater, ob er Bier haben wolle, und herzlich erbot sie sich, es selbst zu holen,* und als der Vater schwieg, sagte sie, um ihm jedes Bedenken zu nehmen, sie könne auch die Hausmeisterin darum schicken, aber dann sagte der Vater schließlich ein großes »Nein«, und es wurde nicht mehr davon gesprochen.

Schon im Laufe des ersten Tages legte der Vater die ganzen Vermögensverhältnisse und Aussichten* sowohl der Mutter, als auch der Schwester dar. Hie und da stand er vom Tische auf und holte aus seiner kleinen Wertheimkassa,* die er aus dem vor fünf Jahren erfolgten Zusammenbruch seines Geschäftes gerettet hatte, irgendeinen Beleg oder irgendein Vormerkbuch. Man hörte, wie er das komplizierte Schloß aufsperrte und nach Entnahme des Gesuchten* wieder verschloß. Diese Erklärungen des Vaters waren zum Teil das erste Erfreuliche, was Gregor seit seiner Gefangenschaft zu hören bekam. Er war der Meinung gewesen, daß dem Vater von jenem Geschäft her nicht das Geringste übriggeblieben war, zumindest hatte ihm der Vater nichts Gegenteiliges gesagt, und Gregor allerdings hatte ihn auch nicht darum gefragt. Gregors Sorge war damals nur gewesen, alles daranzusetzen, um die Familie das geschäftliche Unglück, das alle in eine vollständige Hoffnungslosigkeit gebracht hatte, möglichst rasch vergessen zu lassen. Und so hatte er damals mit ganz besonderem Feuer zu arbeiten angefangen und war fast über Nacht aus einem kleinen Kommis* ein Reisender geworden, der natürlich ganz andere Möglichkeiten des Geldverdienens hatte, und dessen Arbeitserfolge sich sofort in Form der Provision zu Bargeld verwandelten,* das der erstaunten und beglückten Familie zu Hause auf den Tisch gelegt werden konnte. Es waren schöne Zeiten gewesen, und niemals nachher hatten sie sich, wenigstens in diesem Glanze, wiederholt, trotzdem Gregor später so viel Geld verdiente, daß er den Aufwand der ganzen Familie zu tragen imstande war und auch trug. Man hatte sich eben daran gewöhnt, sowohl die Familie, als auch Gregor, man nahm das Geld dankbar an, er lieferte es gern ab, aber eine besondere Wärme wollte sich nicht mehr ergeben. Nur die

Schwester war Gregor doch noch nahe geblieben, und es
war sein geheimer Plan, sie, die zum Unterschied von
Gregor Musik sehr liebte und rührend Violine zu spielen
verstand, nächstes Jahr, ohne Rücksicht auf die großen
Kosten, die das verursachen mußte, und die man schon auf
andere Weise hereinbringen würde, auf das Konservatorium
zu schicken. Öfters während der kurzen Aufenthalte Gregors in der Stadt wurde in den Gesprächen mit der
Schwester das Konservatorium erwähnt, aber immer nur als
schöner Traum, an dessen Verwirklichung nicht zu denken war, und die Eltern hörten nicht einmal diese unschuldigen Erwähnungen gern; aber Gregor dachte sehr
bestimmt daran und beabsichtigte, es am Weihnachtsabend
feierlich zu erklären.

Solche in seinem gegenwärtigen Zustand ganz nutzlose
Gedanken gingen ihm durch den Kopf, während er dort
aufrecht an der Türe klebte und horchte. Manchmal konnte
er vor allgemeiner Müdigkeit gar nicht mehr zuhören und
ließ den Kopf nachlässig gegen die Tür schlagen, hielt ihn
aber sofort wieder fest, denn selbst das kleine Geräusch, das
er damit verursacht hatte, war nebenan gehört worden und
hatte alle verstummen lassen. »Was er nur wieder treibt,«
sagte der Vater nach einer Weile, offenbar zur Türe hinge-
wendet, und dann erst wurde das unterbrochene Gespräch
allmählich wieder aufgenommen.

Gregor erfuhr nun zur Genüge – denn der Vater pflegte
sich in seinen Erklärungen öfters zu wiederholen, teils, weil
er selbst sich mit diesen Dingen schon lange nicht beschäftigt
hatte, teils auch, weil die Mutter nicht alles gleich beim ersten
Mal verstand – daß trotz allen Unglücks ein allerdings ganz
kleines Vermögen aus der alten Zeit noch vorhanden war,
das die nicht angerührten Zinsen in der Zwischenzeit ein
wenig hatten anwachsen lassen.* Außerdem aber war das
Geld, das Gregor allmonatlich nach Hause gebracht
hatte – er selbst hatte nur ein paar Gulden für sich
behalten – nicht vollständig aufgebraucht worden und hatte
sich zu einem kleinen Kapital angesammelt. Gregor, hinter

seiner Türe, nickte eifrig, erfreut über diese unerwartete
Vorsicht und Sparsamkeit. Eigentlich hätte er ja mit diesen
überschüssigen Geldern die Schuld des Vaters gegenüber
dem Chef weiter abgetragen haben können, und jener Tag,
an dem er diesen Posten hätte loswerden können, wäre weit
näher gewesen, aber jetzt war es zweifellos besser so, wie es
der Vater eingerichtet hatte.

Nun genügte dieses Geld aber ganz und gar nicht, um die
Familie etwa von den Zinsen leben zu lassen; es genügte
vielleicht, um die Familie ein, höchstens zwei Jahre zu
erhalten, mehr war es nicht. Es war also bloß eine Summe,
die man eigentlich nicht angreifen durfte, und die für den
Notfall zurückgelegt werden mußte; das Geld zum Leben
aber mußte man verdienen. Nun war aber der Vater ein zwar
gesunder, aber alter Mann, der schon fünf Jahre nichts gearbeitet hatte und sich jedenfalls nicht viel zutrauen durfte; er
hatte in diesen fünf Jahren, welche die ersten Ferien seines
mühevollen und doch erfolglosen Lebens waren, viel Fett
angesetzt und war dadurch recht schwerfällig geworden.
Und die alte Mutter sollte nun vielleicht Geld verdienen, die
an Asthma litt, der eine Wanderung durch die Wohnung
schon Anstrengung verursachte, und die jeden zweiten Tag
in Atembeschwerden auf dem Sopha beim offenen Fenster
verbrachte? Und die Schwester sollte Geld verdienen, die
noch ein Kind war mit ihren siebzehn Jahren, und der ihre
bisherige Lebensweise so sehr zu gönnen war,* die daraus
bestanden hatte, sich nett zu kleiden, lange zu schlafen,
in der Wirtschaft mitzuhelfen, an ein paar bescheidenen
Vergnügungen sich zu beteiligen und vor allem Violine
zu spielen? Wenn die Rede auf diese Notwendigkeit des
Geldverdienens kam, ließ zuerst immer Gregor die Türe
los und warf sich auf das neben der Tür befindliche kühle
Ledersopha, denn ihm war ganz heiß vor Verschämung und
Trauer.

Oft lag er dort die ganzen langen Nächte über, schlief
keinen Augenblick und scharrte nur stundenlang auf dem
Leder. Oder er scheute nicht die große Mühe, einen Sessel

zum Fenster zu schieben, dann die Fensterbrüstung hinauf-
zukriechen und, in den Sessel gestemmt, sich ans Fenster zu
lehnen, offenbar nur in irgendeiner Erinnerung an das
Befreiende, das früher für ihn darin gelegen war, aus dem
Fenster zu schauen.* Denn tatsächlich sah er von Tag zu Tag
die auch nur ein wenig entfernten Dinge immer undeutlicher;
das gegenüberliegende Krankenhaus, dessen nur allzu häu-
figen Anblick er früher verflucht hatte, bekam er überhaupt
nicht mehr zu Gesicht, und wenn er nicht genau gewußt
hätte, daß er in der stillen, aber völlig städtischen Charlot-
tenstraße* wohnte, hätte er glauben können, von seinem
Fenster aus in eine Einöde zu schauen, in welcher der graue
Himmel und die graue Erde ununterscheidbar sich vereinig-
ten. Nur zweimal hatte die aufmerksame Schwester sehen
müssen, daß der Sessel beim Fenster stand, als sie schon
jedesmal, nachdem sie das Zimmer aufgeräumt hatte, den
Sessel wieder genau zum Fenster hinschob, ja sogar von nun
ab den inneren Fensterflügel offen ließ.

Hätte Gregor nur mit der Schwester sprechen und ihr für
alles danken können, was sie für ihn machen mußte, er hätte
ihre Dienste leichter ertragen; so aber litt er darunter.
Die Schwester suchte freilich die Peinlichkeit des Ganzen
möglichst zu verwischen, und je längere Zeit verging, desto besser gelang es ihr natürlich auch, aber auch Gregor
durchschaute mit der Zeit alles viel genauer. Schon ihr
Eintritt war für ihn schrecklich. Kaum war sie eingetreten,
lief sie, ohne sich Zeit zu nehmen, die Türe* zu schließen, so
sehr sie sonst darauf achtete, jedem den Anblick von Gregors
Zimmer zu ersparen, geradewegs zum Fenster und riß es, als
ersticke sie fast, mit hastigen Händen auf, blieb auch, selbst
wenn es noch so kalt war, ein Weilchen beim Fenster und
atmete tief. Mit diesem Laufen und Lärmen erschreckte sie
Gregor täglich zweimal; die ganze Zeit über zitterte er unter
dem Kanapee und wußte doch sehr gut, daß sie ihn gewiß
gerne damit verschont hätte, wenn es ihr nur möglich gewesen wäre, sich in einem Zimmer, in dem sich Gregor befand,
bei geschlossenem Fenster aufzuhalten.

Einmal, es war wohl schon ein Monat seit Gregors Verwandlung vergangen, und es war doch schon für die Schwester kein besonderer Grund mehr, über Gregors Aussehen in Erstaunen zu geraten, kam sie ein wenig früher als sonst und traf Gregor noch an, wie er, unbeweglich und so recht zum Erschrecken aufgestellt, aus dem Fenster schaute. Es wäre für Gregor nicht unerwartet gewesen, wenn sie nicht eingetreten wäre, da er sie durch seine Stellung verhinderte, sofort das Fenster zu öffnen, aber sie trat nicht nur nicht ein, sie fuhr sogar zurück und schloß die Tür; ein Fremder hätte geradezu denken können, Gregor habe ihr aufgelauert und habe sie beißen wollen. Gregor versteckte sich natürlich sofort unter dem Kanapee, aber er mußte bis zum Mittag warten, ehe die Schwester wiederkam, und sie schien viel unruhiger als sonst. Er erkannte daraus, daß ihr sein Anblick noch immer unerträglich war und ihr auch weiterhin unerträglich bleiben müsse, und daß sie sich wohl sehr überwinden mußte, vor dem Anblick auch nur der kleinen Partie seines Körpers nicht davonzulaufen, mit der er unter dem Kanapee hervorragte. Um ihr auch diesen Anblick zu ersparen, trug er eines Tages auf seinem Rücken – er brauchte zu dieser Arbeit vier Stunden – das Leintuch auf das Kanapee und ordnete es in einer solchen Weise an, daß er nun gänzlich verdeckt war, und daß die Schwester, selbst wenn sie sich bückte, ihn nicht sehen konnte. Wäre dieses Leintuch ihrer Meinung nach nicht nötig gewesen, dann hätte sie es ja entfernen können, denn daß es nicht zum Vergnügen Gregors gehören konnte, sich so ganz und gar abzusperren, war doch klar genug, aber sie ließ das Leintuch, so wie es war, und Gregor glaubte sogar einen dankbaren Blick erhascht zu haben, als er einmal mit dem Kopf vorsichtig das Leintuch ein wenig lüftete, um nachzusehen, wie die Schwester die neue Einrichtung aufnahm.

In den ersten vierzehn Tagen konnten es die Eltern nicht über sich bringen, zu ihm hereinzukommen, und er hörte oft, wie sie die jetzige Arbeit der Schwester völlig anerkannten, während sie sich bisher häufig über die Schwester geärgert hatten, weil sie ihnen als ein etwas nutzloses Mädchen erschienen war. Nun aber warteten oft beide, der Vater und die Mutter, vor Gregors Zimmer, während die Schwester dort aufräumte, und kaum war sie herausgekommen, mußte sie ganz genau erzählen, wie es in dem Zimmer aussah, was Gregor gegessen hatte, wie er sich diesmal benommen hatte, und ob vielleicht eine kleine Besserung zu bemerken war. Die Mutter übrigens wollte verhältnismäßig bald Gregor besuchen, aber der Vater und die Schwester hielten sie zuerst mit Vernunftgründen zurück, denen Gregor sehr aufmerksam zuhörte, und die er vollständig billigte. Später aber mußte man sie mit Gewalt zurückhalten, und wenn sie dann rief: »Laßt mich doch zu Gregor, er ist ja mein unglücklicher Sohn! Begreift ihr es denn nicht, daß ich zu ihm muß?«, dann dachte Gregor, daß es vielleicht doch gut wäre, wenn die Mutter hereinkäme, nicht jeden Tag natürlich, aber vielleicht einmal in der Woche; sie verstand doch alles viel besser als die Schwester, die trotz all ihrem Mute doch nur ein Kind war und im letzten Grunde vielleicht nur aus kindlichem Leichtsinn eine so schwere Aufgabe übernommen hatte.

Der Wunsch Gregors, die Mutter zu sehen, ging bald in Erfüllung. Während des Tages wollte Gregor schon aus Rücksicht auf seine Eltern sich nicht beim Fenster zeigen, kriechen konnte er aber auf den paar Quadratmetern des Fußbodens auch nicht viel, das ruhige Liegen ertrug er schon während der Nacht schwer, das Essen machte ihm bald nicht mehr das geringste Vergnügen, und so nahm er zur Zerstreuung die Gewohnheit an, kreuz und quer über Wände und Plafond zu kriechen. Besonders oben auf der Decke hing er gern; es war ganz anders, als das Liegen auf dem Fußboden; man atmete freier; ein leichtes Schwingen ging durch den Körper; und in der fast glücklichen Zerstreutheit, in der sich Gregor dort oben befand, konnte es geschehen, daß er zu seiner eigenen Überraschung sich losließ und auf den Boden klatschte. Aber nun hatte er natürlich seinen Körper ganz anders in der Gewalt als früher und beschädigte sich selbst bei einem so großen Falle nicht. Die Schwester nun bemerkte

sofort die neue Unterhaltung, die Gregor für sich gefunden
hatte – er hinterließ ja auch beim Kriechen hie und da Spuren
seines Klebstoffes –, und da setzte sie es sich in den Kopf,
Gregor das Kriechen in größtem Ausmaße zu ermöglichen und
die Möbel, die es verhinderten, also vor allem den Kasten und
den Schreibtisch, wegzuschaffen. Nun war sie aber nicht
imstande, dies allein zu tun; den Vater wagte sie nicht um
Hilfe zu bitten; das Dienstmädchen hätte ihr ganz gewiß nicht
geholfen, denn dieses etwa sechzehnjährige Mädchen harrte
zwar tapfer seit Entlassung der früheren Köchin aus, hatte
aber um die Vergünstigung gebeten, die Küche unaufhörlich
versperrt halten zu dürfen und nur auf besonderen Anruf
öffnen zu müssen; so blieb der Schwester also nichts übrig,
als einmal in Abwesenheit des Vaters die Mutter zu holen.
Mit Ausrufen erregter Freude kam die Mutter auch heran,
verstummte aber an der Tür vor Gregors Zimmer. Zuerst sah
natürlich die Schwester nach, ob alles im Zimmer in Ordnung
war; dann erst ließ sie die Mutter eintreten. Gregor hatte in
größter Eile das Leintuch noch tiefer und mehr in Falten
gezogen, das Ganze sah wirklich nur wie ein zufällig über das
Kanapee geworfenes Leintuch aus. Gregor unterließ auch
diesmal, unter dem Leintuch zu spionieren; er verzichtete
darauf, die Mutter schon diesmal zu sehen, und war nur
froh, daß sie nun doch gekommen war. »Komm nur, man
sieht ihn nicht,« sagte die Schwester, und offenbar führte
sie die Mutter an der Hand. Gregor hörte nun, wie die
zwei schwachen Frauen den immerhin schweren alten Kasten
von seinem Platze rückten, und wie die Schwester immerfort
den größten Teil der Arbeit für sich beanspruchte, ohne auf
die Warnungen der Mutter zu hören, welche fürchtete, daß
sie sich überanstrengen werde. Es dauerte sehr lange. Wohl
nach schon viertelstündiger Arbeit sagte die Mutter, man
solle den Kasten doch lieber hier lassen, denn erstens sei er
zu schwer, sie würden vor Ankunft des Vaters nicht fertig
werden und mit dem Kasten in der Mitte des Zimmers Gregor
jeden Weg verrammeln, zweitens aber sei es doch gar nicht
sicher, daß Gregor mit der Entfernung der Möbel ein

Gefallen geschehe. Ihr scheine das Gegenteil der Fall zu sein; ihr bedrücke der Anblick der leeren Wand geradezu das Herz; und warum solle nicht auch Gregor diese Empfindung haben, da er doch an die Zimmermöbel längst gewöhnt sei und sich deshalb im leeren Zimmer verlassen fühlen werde.

»Und ist es dann nicht so,« schloß die Mutter ganz leise, wie sie überhaupt fast flüsterte, als wolle sie vermeiden, daß Gregor, dessen genauen Aufenthalt sie ja nicht kannte, auch nur den Klang der Stimme höre, denn daß er die Worte nicht verstand, davon war sie überzeugt, »und ist es nicht so, als ob wir durch die Entfernung der Möbel zeigten, daß wir jede Hoffnung auf Besserung aufgeben und ihn rücksichtslos sich selbst überlassen? Ich glaube, es wäre das beste, wir suchen das Zimmer genau in dem Zustand zu erhalten, in dem es früher war, damit Gregor, wenn er wieder zu uns zurückkommt, alles unverändert findet und umso leichter die Zwischenzeit vergessen kann«.

Beim Anhören dieser Worte der Mutter erkannte Gregor, daß der Mangel jeder unmittelbaren menschlichen Ansprache, verbunden mit dem einförmigen Leben inmitten der Familie, im Laufe dieser zwei Monate seinen Verstand hatte verwirren müssen, denn anders konnte er es sich nicht erklären, daß er ernsthaft darnach hatte verlangen können, daß sein Zimmer ausgeleert würde. Hatte er wirklich Lust, das warme, mit ererbten Möbeln gemütlich ausgestattete Zimmer in eine Höhle verwandeln zu lassen, in der er dann freilich nach allen Richtungen ungestört würde kriechen können, jedoch auch unter gleichzeitigem, schnellen, gänzlichen Vergessen seiner menschlichen Vergangenheit? War er doch jetzt schon nahe daran, zu vergessen, und nur die seit langem nicht gehörte Stimme der Mutter hatte ihn aufgerüttelt. Nichts sollte entfernt werden; alles mußte bleiben; die guten Einwirkungen der Möbel auf seinen Zustand konnte er nicht entbehren;* und wenn die Möbel ihn hinderten, das sinnlose Herumkriechen zu betreiben, so war es kein Schaden, sondern ein großer Vorteil.

Aber die Schwester war leider anderer Meinung; sie hatte

sich, allerdings nicht ganz unberechtigt, angewöhnt, bei
Besprechung der Angelegenheiten Gregors als besonders
Sachverständige gegenüber den Eltern aufzutreten, und so
war auch jetzt der Rat der Mutter für die Schwester Grund
genug, auf der Entfernung nicht nur des Kastens und des
Schreibtisches, an die sie zuerst allein gedacht hatte, sondern
auf der Entfernung sämtlicher Möbel, mit Ausnahme des
unentbehrlichen Kanapees, zu bestehen. Es war natürlich
nicht nur kindlicher Trotz und das in der letzten Zeit so
unerwartet und schwer erworbene Selbstvertrauen, das sie zu
dieser Forderung bestimmte; sie hatte doch auch tatsächlich
beobachtet, daß Gregor viel Raum zum Kriechen brauchte,
dagegen die Möbel, soweit man sehen konnte, nicht im
geringsten benützte. Vielleicht aber spielte auch der schwärmerische Sinn der Mädchen ihres Alters mit, der bei jeder
Gelegenheit seine Befriedigung sucht, und durch den Grete
jetzt sich dazu verlocken ließ, die Lage Gregors noch schrek-
kenerregender machen zu wollen,* um dann noch mehr als
bis jetzt für ihn leisten zu können. Denn in einen Raum,
in dem Gregor ganz allein die leeren Wände beherrschte,
würde wohl kein Mensch außer Grete jemals einzutreten sich
getrauen.

Und so ließ sie sich von ihrem Entschlusse durch die Mutter nicht abbringen, die auch in diesem Zimmer vor lauter
Unruhe unsicher schien, bald verstummte und der Schwester
nach Kräften beim Hinausschaffen des Kastens half. Nun,
den Kasten konnte Gregor im Notfall noch entbehren, aber
schon der Schreibtisch mußte bleiben. Und kaum hatten
die Frauen mit dem Kasten, an den sie sich ächzend drückten,
das Zimmer verlassen, als Gregor den Kopf unter dem Kanapee hervorstieß, um zu sehen, wie er vorsichtig und möglichst rücksichtsvoll eingreifen könnte. Aber zum Unglück
war es gerade die Mutter, welche zuerst zurückkehrte,
während Grete im Nebenzimmer den Kasten umfangen hielt
und ihn allein hin und her schwang, ohne ihn natürlich von
der Stelle zu bringen. Die Mutter aber war Gregors Anblick
nicht gewöhnt, er hätte sie krank machen können, und so

eilte Gregor erschrocken im Rückwärtslauf bis an das andere
Ende des Kanapees, konnte es aber nicht mehr verhindern,
daß das Leintuch vorne ein wenig sich bewegte. Das genügte,
um die Mutter aufmerksam zu machen. Sie stockte, stand
einen Augenblick still und ging dann zu Grete zurück.

Trotzdem sich Gregor immer wieder sagte, daß ja nichts
Außergewöhnliches geschehe, sondern nur ein paar Möbel
umgestellt würden, wirkte doch, wie er sich bald eingestehen
mußte, dieses Hin- und Hergehen der Frauen, ihre kleinen
Zurufe, das Kratzen der Möbel auf dem Boden, wie ein
großer, von allen Seiten genährter Trubel auf ihn, und er
mußte sich, so fest er Kopf und Beine an sich zog und den
Leib bis an den Boden drückte, unweigerlich sagen, daß er
das Ganze nicht lange aushalten werde.* Sie räumten ihm
sein Zimmer aus; nahmen ihm alles, was ihm lieb war; den
Kasten, in dem die Laubsäge und andere Werkzeuge lagen,
hatten sie schon hinausgetragen; lockerten jetzt den schon
im Boden fest eingegrabenen Schreibtisch, an dem er als
Handelsakademiker, als Bürgerschüler, ja sogar schon als
Volksschüler seine Aufgaben geschrieben hatte, – da hatte
er wirklich keine Zeit mehr, die guten Absichten zu prüfen,
welche die zwei Frauen hatten, deren Existenz er übrigens
fast vergessen hatte, denn vor Erschöpfung arbeiteten sie
schon stumm, und man hörte nur das schwere Tappen ihrer
Füße.

Und so brach er denn hervor – die Frauen stützten sich
gerade im Nebenzimmer an den Schreibtisch, um ein wenig
zu verschnaufen –, wechselte viermal die Richtung des Lau-
fes, er wußte wirklich nicht, was er zuerst retten sollte,
da sah er an der im übrigen schon leeren Wand auffallend
das Bild der in lauter Pelzwerk gekleideten Dame hängen,
kroch eilends hinauf und preßte sich an das Glas, das ihn
festhielt und seinem heißen Bauch wohltat. Dieses Bild
wenigstens, das Gregor jetzt ganz verdeckte, würde nun
gewiß niemand wegnehmen. Er verdrehte den Kopf nach der
Tür des Wohnzimmers, um die Frauen bei ihrer Rückkehr zu
beobachten.

Sie hatten sich nicht viel Ruhe gegönnt und kamen schon
wieder; Grete hatte den Arm um die Mutter gelegt und trug
sie fast. »Also was nehmen wir jetzt?«, sagte Grete und sah
sich um. Da kreuzten sich ihre Blicke mit denen Gregors
an der Wand. Wohl nur infolge der Gegenwart der Mutter
behielt sie ihre Fassung, beugte ihr Gesicht zur Mutter,
um diese vom Herumschauen abzuhalten, und sagte, allerdings zitternd und unüberlegt: »Komm, wollen wir nicht
lieber auf einen Augenblick noch ins Wohnzimmer zurück-
gehen?« Die Absicht Gretes war für Gregor klar, sie wollte
die Mutter in Sicherheit bringen und dann ihn von der Wand
hinunterjagen. Nun, sie konnte es ja immerhin versuchen! Er
saß auf seinem Bild und gab es nicht her. Lieber würde er
Grete ins Gesicht springen.

Aber Gretes Worte hatten die Mutter erst recht be-
unruhigt, sie trat zur Seite, erblickte den riesigen braunen
Fleck auf der geblümten Tapete, rief, ehe ihr eigentlich
zum Bewußtsein kam, daß das Gregor war, was sie sah, mit
schreiender, rauher Stimme: »Ach Gott, ach Gott!« und fiel
mit ausgebreiteten Armen, als gebe sie alles auf, über das
Kanapee hin* und rührte sich nicht. »Du, Gregor!« rief die
Schwester mit erhobener Faust und eindringlichen Blicken.
Es waren seit der Verwandlung die ersten Worte, die sie
unmittelbar an ihn gerichtet hatte. Sie lief ins Nebenzimmer,
um irgendeine Essenz zu holen, mit der sie die Mutter aus
ihrer Ohnmacht wecken könnte; Gregor wollte auch helfen
– zur Rettung des Bildes war noch Zeit –; er klebte aber fest
an dem Glas und mußte sich mit Gewalt losreißen; er lief
dann auch ins Nebenzimmer, als könne er der Schwester
irgendeinen Rat geben, wie in früherer Zeit; mußte dann
aber untätig hinter ihr stehen; während sie in verschie-
denen Fläschchen kramte, erschreckte sie noch, als sie sich
umdrehte; eine Flasche fiel auf den Boden und zerbrach; ein
Splitter verletzte Gregor im Gesicht, irgendeine ätzende
Medizin umfloß ihn; Grete nahm nun, ohne sich länger
aufzuhalten, soviel Fläschchen, als sie nur halten konnte,
und rannte mit ihnen zur Mutter hinein; die Tür schlug sie

mit dem Fuße zu. Gregor war nun von der Mutter abge-
schlossen, die durch seine Schuld vielleicht dem Tode nahe
war; die Tür durfte er nicht öffnen, wollte er die Schwester,
die bei der Mutter bleiben mußte, nicht verjagen; er hatte jetzt
nichts zu tun, als zu warten; und von Selbstvorwürfen und
Besorgnis bedrängt, begann er zu kriechen, überkroch alles,
Wände, Möbel und Zimmerdecke und fiel endlich in seiner
Verzweiflung, als sich das ganze Zimmer schon um ihn zu
drehen anfing, mitten auf den großen Tisch.

Es verging eine kleine Weile, Gregor lag matt da, ringsherum war es still, vielleicht war das ein gutes Zeichen. Da
läutete es. Das Mädchen war natürlich in ihrer Küche
eingesperrt und Grete mußte daher öffnen gehen. Der Vater
war gekommen. »Was ist geschehen?« waren seine ersten
Worte; Gretes Aussehen hatte ihm wohl alles verraten. Grete
antwortete mit dumpfer Stimme, offenbar drückte sie ihr
Gesicht an des Vaters Brust: »Die Mutter war ohnmächtig,
aber es geht ihr schon besser. Gregor ist ausgebrochen.« »Ich
habe es ja erwartet,« sagte der Vater, »ich habe es euch ja
immer gesagt, aber ihr Frauen wollt nicht hören.« Gregor war
es klar, daß der Vater Gretes allzukurze Mitteilung schlecht
gedeutet hatte und annahm, daß Gregor sich irgendeine
Gewalttat habe zuschulden kommen lassen. Deshalb mußte
Gregor den Vater jetzt zu besänftigen suchen, denn ihn
aufzuklären hatte er weder Zeit noch Möglichkeit. Und so
flüchtete er sich zur Tür seines Zimmers und drückte sich an
sie, damit der Vater beim Eintritt vom Vorzimmer her gleich
sehen könne, daß Gregor die beste Absicht habe, sofort in sein
Zimmer zurückzukehren, und daß es nicht nötig sei, ihn
zurückzutreiben, sondern daß man nur die Tür zu öffnen
brauche, und gleich werde er verschwinden.

Aber der Vater war nicht in der Stimmung, solche Fein-
heiten zu bemerken; »Ah!« rief er gleich beim Eintritt in einem
Tone, als sei er gleichzeitig wütend und froh. Gregor zog den
Kopf von der Tür zurück und hob ihn gegen den Vater. So
hatte er sich den Vater wirklich nicht vorgestellt, wie er
jetzt dastand; allerdings hatte er in der letzten Zeit über

dem neuartigen Herumkriechen versäumt, sich so wie früher um die Vorgänge in der übrigen Wohnung zu kümmern, und hätte eigentlich darauf gefaßt sein müssen, veränderte Verhältnisse anzutreffen. Trotzdem, trotzdem, war das noch der Vater? Der gleiche Mann, der müde im Bett vergraben lag, wenn früher Gregor zu einer Geschäftsreise ausgerückt war;* der ihn an Abenden der Heimkehr im Schlafrock im Lehnstuhl empfangen hatte; gar nicht recht imstande war, aufzustehen, sondern zum Zeichen der Freude nur die Arme gehoben hatte, und der bei den seltenen gemeinsamen Spaziergängen an ein paar Sonntagen im Jahr und an den höchsten Feiertagen zwischen Gregor und der Mutter, die schon an und für sich langsam gingen, immer noch ein wenig langsamer, in seinen alten Mantel eingepackt, mit stets vorsichtig aufgesetztem Krückstock sich vorwärts arbeitete und, wenn er etwas sagen wollte fast immer stillstand und seine Begleitung um sich versammelte? Nun aber war er recht gut aufgerichtet; in eine straffe blaue Uniform mit Goldknöpfen gekleidet, wie sie Diener der Bankinstitute tragen; über dem hohen steifen Kragen des Rockes entwickelte sich sein starkes Doppelkinn; unter den buschigen Augenbrauen drang der Blick der schwarzen Augen frisch und aufmerksam hervor; das sonst zerzauste weiße Harr war zu einer peinlich genauen, leuchtenden Scheitelfrisur niedergekämmt. Er warf seine Mütze, auf der ein Goldmonogramm, wahrscheinlich das einer Bank, angebracht war, über das ganze Zimmer im Bogen auf das Kanapee hin und ging, die Enden seines langen Uniformrockes zurückgeschlagen, die Hände in den Hosentaschen, mit verbissenem Gesicht auf Gregor zu. Er wußte wohl selbst nicht, was er vor hatte; immerhin hob er die Füße ungewöhnlich hoch, und Gregor staunte über die Riesengröße seiner Stiefelsohlen. Doch hielt er sich dabei nicht auf, er wußte ja noch vom ersten Tage seines neuen Lebens her, daß der Vater ihm gegenüber nur die größte Strenge für angebracht ansah.* Und so lief er vor dem Vater her, stockte, wenn der Vater stehen blieb, und eilte schon wieder vorwärts, wenn sich der Vater nur rührte.

So machten sie mehrmals die Runde um das Zimmer, ohne daß sich etwas Entscheidendes ereignete, ja ohne daß das Ganze infolge seines langsamen Tempos den Anschein einer Verfolgung gehabt hätte. Deshalb blieb auch Gregor vorläufig auf dem Fußboden, zumal er fürchtete, der Vater könnte eine Flucht auf die Wände oder den Plafond für besondere Bosheit halten. Allerdings mußte sich Gregor sagen, daß er sogar dieses Laufen nicht lange aushalten würde, denn während der Vater einen Schritt machte, mußte er eine Unzahl von Bewegungen ausführen. Atemnot begann sich schon bemerkbar zu machen, wie er ja auch in seiner früheren Zeit keine ganz vertrauenswürdige Lunge besessen hatte. Als er nun so dahintorkelte, um alle Kräfte für den Lauf zu sammeln, kaum die Augen offenhielt; in seiner Stumpfheit an eine andere Rettung als durch Laufen gar nicht dachte; und fast schon vergessen hatte, daß ihm die Wände freistanden, die hier allerdings mit sorgfältig geschnitzten Möbeln voll Zacken und Spitzen verstellt waren* – da flog knapp neben ihm, leicht geschleudert, irgendetwas nieder und rollte vor ihm her. Es war ein Apfel;* gleich flog ihm ein zweiter nach; Gregor blieb vor Schrecken stehen; ein Weiterlaufen war nutzlos, denn der Vater hatte sich entschlossen, ihn zu bombardieren. Aus der Obstschale auf der Kredenz hatte er sich die Taschen gefüllt und warf nun, ohne vorläufig scharf zu zielen, Apfel für Apfel. Diese kleinen roten Äpfel rollten wie elektrisiert auf dem Boden herum und stießen aneinander. Ein schwach geworfener Apfel streifte Gregors Rücken, glitt aber unschädlich ab. Ein ihm sofort nachfliegender drang dagegen förmlich in Gregors Rücken ein; Gregor wollte sich weiterschleppen, als könne der überraschende unglaubliche Schmerz mit dem Ortswechsel vergehen; doch fühlte er sich wie festgenagelt und streckte sich in vollständiger Verwirrung aller Sinne. Nur mit dem letzten Blick sah er noch, wie die Tür seines Zimmers aufgerissen wurde, und vor der schreienden Schwester die Mutter hervoreilte, im Hemd, denn die Schwester hatte sie entkleidet, um ihr in der Ohnmacht Atemfreiheit zu verschaffen, wie dann die Mutter

auf den Vater zulief und ihr auf dem Weg die aufgebundenen
Röcke einer nach dem anderen zu Boden glitten, und wie sie
stolpernd über die Röcke auf den Vater eindrang und ihn
umarmend, in gänzlicher Vereinigung mit ihm* – nun ver-
sagte aber Gregors Sehkraft schon – die Hände an des Vaters
Hinterkopf um Schonung von Gregors Leben bat.

III

Die schwere Verwundung Gregors, an der er über einen
Monat litt – der Apfel blieb, da ihn niemand zu entfernen
wagte, als sichtbares Andenken im Fleische sitzen* –, schien
selbst den Vater daran erinnert zu haben, daß Gregor trotz
seiner gegenwärtigen traurigen und ekelhaften Gestalt ein
Familienmitglied war, das man nicht wie einen Feind be-
handeln durfte, sondern dem gegenüber es das Gebot der
Familienpflicht war, den Widerwillen hinunterzuschlucken
und zu dulden, nichts als zu dulden.
Und wenn nun auch Gregor durch seine Wunde an Be-
weglichkeit wahrscheinlich für immer verloren hatte und
vorläufig zur Durchquerung seines Zimmers wie ein alter
Invalide* lange, lange Minuten brauchte – an das Kriechen
in der Höhe war nicht zu denken –, so bekam er für diese
Verschlimmerung seines Zustandes einen seiner Meinung
nach vollständig genügenden Ersatz dadurch, daß immer
gegen Abend die Wohnzimmertür, die er schon ein bis zwei
Stunden vorher scharf zu beobachten pflegte, geöffnet
wurde, so daß er, im Dunkel seines Zimmers liegend, vom
Wohnzimmer aus unsichtbar, die ganze Familie beim be-
leuchteten Tische sehen und ihre Reden, gewissermaßen mit
allgemeiner Erlaubnis, also ganz anders als früher, anhören
durfte.
Freilich waren es nicht mehr die lebhaften Unterhaltungen
der früheren Zeiten, an die Gregor in den kleinen Hotel-
zimmern stets mit einigem Verlangen gedacht hatte, wenn er
sich müde in das feuchte Bettzeug hatte werfen müssen. Es
ging jetzt meist nur sehr still zu. Der Vater schlief bald nach

dem Nachtessen in seinem Sessel ein; die Mutter und
Schwester ermahnten einander zur Stille; die Mutter nähte,
weit unter das Licht vorgebeugt, feine Wäsche für ein
Modengeschäft; die Schwester, die eine Stellung als Ver-
käuferin angenommen hatte, lernte am Abend Stenographie
und Französisch, um vielleicht später einmal einen besseren
Posten zu erreichen. Manchmal wachte der Vater auf, und
als wisse er gar nicht, daß er geschlafen habe, sagte er zur
Mutter: »Wie lange du heute schon wieder nähst!« und
schlief sofort wieder ein, während Mutter und Schwester
einander müde zulächelten.* *

Mit einer Art Eigensinn weigerte sich der Vater, auch zu
Hause seine Dieneruniform abzulegen;* und während der
Schlafrock nutzlos am Kleiderhaken hing, schlummerte der
Vater vollständig angezogen auf seinem Platz, als sei er
immer zu seinem Dienste bereit und warte auch hier auf die
Stimme des Vorgesetzten. Infolgedessen verlor die gleich
anfangs nicht neue Uniform trotz aller Sorgfalt von Mutter
und Schwester an Reinlichkeit, und Gregor sah oft ganze
Abende lang auf dieses über und über fleckige, mit seinen
stets geputzten Goldknöpfen leuchtende Kleid, in dem der
alte Mann höchst unbequem und doch ruhig schlief.

Sobald die Uhr zehn schlug, suchte die Mutter durch leise
Zusprache den Vater zu wecken und dann zu überreden, ins
Bett zu gehen, denn hier war es doch kein richtiger Schlaf und
diesen hatte der Vater, der um sechs Uhr seinen Dienst
antreten mußte, äußerst nötig. Aber in dem Eigensinn,
der ihn, seitdem er Diener war, ergriffen hatte, bestand er
immer darauf, noch länger bei Tisch zu bleiben, trotzdem
er regelmäßig einschlief, und war dann überdies nur mit
der größten Mühe zu bewegen, den Sessel mit dem Bett
zu vertauschen. Da mochten Mutter und Schwester mit
kleinen Ermahnungen noch so sehr auf ihn eindringen,
viertelstundenlang schüttelte er langsam den Kopf, hielt die
Augen geschlossen und stand nicht auf. Die Mutter zupfte
ihn am Ärmel, sagte ihm Schmeichelworte ins Ohr, die
Schwester verließ ihre Aufgabe, um der Mutter zu helfen,

aber beim Vater verfing das nicht.* Er versank nur noch
tiefer in seinen Sessel. Erst bis ihn die Frauen unter den
Achseln faßten, schlug er die Augen auf, sah abwechselnd
die Mutter und die Schwester an und pflegte zu sagen: »Das ist
ein Leben. Das ist die Ruhe meiner alten Tage.« Und auf die
beiden Frauen gestützt, erhob er sich, umständlich, als sei er
für sich selbst die größte Last, ließ sich von den Frauen bis
zur Türe führen, winkte ihnen dort ab und ging nun selb-
ständig weiter, während die Mutter ihr Nähzeug, die
Schwester ihre Feder eiligst hinwarfen, um hinter dem Vater
zu laufen und ihm weiter behilflich zu sein.

   Wer hatte in dieser abgearbeiteten und übermüdeten
Familie Zeit, sich um Gregor mehr zu kümmern, als
unbedingt nötig war? Der Haushalt wurde immer mehr
eingeschränkt; das Dienstmädchen wurde nun doch
entlassen; eine riesige knochige Bedienerin mit weißem,
den Kopf umflatterndem Haar kam des Morgens und des
Abends, um die schwerste Arbeit zu leisten; alles andere
besorgte die Mutter neben ihrer vielen Näharbeit. Es geschah
sogar, daß verschiedene Familienschmuckstücke, welche
früher die Mutter und die Schwester überglücklich bei
Unterhaltungen und Feierlichkeiten getragen hatten,
verkauft wurden, wie Gregor am Abend aus der allgemeinen
Besprechung der erzielten Preise erfuhr. Die größte Klage
war aber stets, daß man diese für die gegenwärtigen
Verhältnisse allzugroße Wohnung nicht verlassen konnte,
da es nicht auszudenken war, wie man Gregor übersiedeln
sollte. Aber Gregor sah wohl ein, daß es nicht nur die Rücksicht auf ihn war, welche eine Übersiedlung verhinderte,
denn ihn hätte man doch in einer passenden Kiste mit ein
paar Luftlöchern leicht transportieren können; was die
Familie hauptsächlich vom Wohnungswechsel abhielt, war
vielmehr die völlige Hoffnungslosigkeit und der Gedanke
daran, daß sie mit einem Unglück geschlagen war, wie
niemand sonst im ganzen Verwandten- und Bekanntenkreis.
Was die Welt von armen Leuten verlangt,* erfüllten sie bis
zum äußersten, der Vater holte den kleinen Bankbeamten

das Frühstück, die Mutter opferte sich für die Wäsche fremder Leute, die Schwester lief nach dem Befehl der Kunden hinter dem Pulte hin und her, aber weiter reichten die Kräfte der Familie schon nicht. Und die Wunde im Rücken fing Gregor wie neu zu schmerzen an, wenn Mutter und Schwester, nachdem sie den Vater zu Bett gebracht hatten, nun zurückkehrten, die Arbeit liegen ließen, nahe zusammenrückten, schon Wange an Wange saßen; wenn jetzt die Mutter, auf Gregors Zimmer zeigend, sagte: »Mach' dort die Tür zu, Grete,« und wenn nun Gregor wieder im Dunkel war, während nebenan die Frauen ihre Tränen vermischten oder gar tränenlos den Tisch anstarrten.

Die Nächte und Tage verbrachte Gregor fast ganz ohne Schlaf. Manchmal dachte er daran, beim nächsten Öffnen der Tür die Angelegenheiten der Familie ganz so wie früher wieder in die Hand zu nehmen; in seinen Gedanken erschienen wieder nach langer Zeit der Chef und der Prokurist, die Kommis und die Lehrjungen, der so begriffstützige Hausknecht, zwei drei Freunde aus anderen Geschäften, ein Stubenmädchen aus einem Hotel in der Provinz, eine liebe, flüchtige Erinnerung, eine Kassiererin aus einem Hutgeschäft, um die er sich ernsthaft, aber zu langsam beworben hatte – sie alle erschienen untermischt mit Fremden oder schon Vergessenen, aber statt ihm und seiner Familie zu helfen, waren sie sämtlich unzugänglich, und er war froh, wenn sie verschwanden. Dann aber war er wieder gar nicht in der Laune, sich um seine Familie zu sorgen, bloß Wut über die schlechte Wartung erfüllte ihn, und trotzdem er sich nichts vorstellen konnte, worauf er Appetit gehabt hätte, machte er doch Pläne, wie er in die Speisekammer gelangen könnte, um dort zu nehmen, was ihm, auch wenn er keinen Hunger hatte, immerhin gebührte.* Ohne jetzt mehr nachzudenken, womit man Gregor einen besonderen Gefallen machen könnte, schob die Schwester eiligst, ehe sie morgens und mittags ins Geschäft lief, mit dem Fuß irgendeine beliebige Speise in Gregors Zimmer hinein, um sie am Abend, gleichgültig dagegen, ob die Speise vielleicht nur

verkostet oder – der häufigste Fall – gänzlich unberührt
war, mit einem Schwenken des Besens hinauszukehren.
Das Aufräumen des Zimmers, das sie nun immer abends
besorgte, konnte gar nicht mehr schneller getan sein.
Schmutzstreifen zogen sich die Wände entlang, hie und da
lagen Knäuel von Staub und Unrat. In der ersten Zeit stellte
sich Gregor bei der Ankunft der Schwester in derartige
besonders bezeichnende Winkel, um ihr durch diese Stellung
gewissermaßen einen Vorwurf zu machen. Aber er hätte
wohl wochenlang dort bleiben können, ohne daß sich die
Schwester gebessert hätte; sie sah ja den Schmutz genau so
wie er, aber sie hatte sich eben entschlossen, ihn zu lassen.
Dabei wachte sie mit einer an ihr ganz neuen Empfind-
lichkeit, die überhaupt die ganze Familie ergriffen hatte,
darüber, daß das Aufräumen von Gregors Zimmer ihr vorbehalten blieb.* Einmal hatte die Mutter Gregors Zimmer
einer großen Reinigung unterzogen, die ihr nur nach Ver-
brauch einiger Kübel Wasser gelungen war – die viele Feuch-
tigkeit kränkte allerdings Gregor auch und er lag breit,
verbittert und unbeweglich auf dem Kanapee –, aber die
Strafe blieb für die Mutter nicht aus. Denn kaum hatte am
Abend die Schwester die Veränderung in Gregors Zimmer
bemerkt, als sie, aufs höchste beleidigt, ins Wohnzimmer lief
und, trotz der beschwörend erhobenen Hände der Mutter, in
einen Weinkrampf ausbrach, dem die Eltern – der Vater war
natürlich aus seinem Sessel aufgeschreckt worden – zuerst
erstaunt und hilflos zusahen; bis auch sie sich zu rühren
anfingen; der Vater rechts der Mutter Vorwürfe máchte, daß
sie Gregors Zimmer nicht der Schwester zur Reinigung
überließ; links dagegen die Schwester anschrie, sie werde
niemals mehr Gregors Zimmer reinigen dürfen; während die
Mutter den Vater, der sich vor Erregung nicht mehr kannte,
ins Schlafzimmer zu schleppen suchte; die Schwester, von
Schluchzen geschüttelt, mit ihren kleinen Fäusten den Tisch
bearbeitete; und Gregor laut vor Wut darüber zischte, daß es
keinem einfiel, die Tür zu schließen und ihm diesen Anblick
und Lärm zu ersparen.

Aber selbst wenn die Schwester, erschöpft von ihrer
Berufsarbeit, dessen überdrüssig geworden war, für Gregor,
wie früher, zu sorgen,* so hätte noch keineswegs die Mutter
für sie eintreten müssen und Gregor hätte doch nicht
vernachlässigt werden brauchen. Denn nun war die Biedienerin da. Diese alte Witwe, die in ihrem langen Leben mit
Hilfe ihres starken Knochenbaues das Ärgste überstanden
haben mochte, hatte keinen eigentlichen Abscheu vor
Gregor. Ohne irgendwie neugierig zu sein, hatte sie zufällig
einmal die Tür von Gregors Zimmer aufgemacht und war im
Anblick Gregors, der, gänzlich überrascht, trotzdem ihn
niemand jagte, hin und herzulaufen begann, die Hände im
Schoß gefaltet staunend stehen geblieben. Seitdem versäumte sie nicht, stets flüchtig morgens und abends die
Tür ein wenig zu öffnen und zu Gregor hineinzuschauen.
Anfangs rief sie ihn auch zu sich herbei, mit Worten, die
sie wahrscheinlich für freundlich hielt, wie »Komm mal
herüber, alter Mistkäfer!*« oder »Seht mal den alten
Mistkäfer!« Auf solche Ansprachen antwortete Gregor mit
nichts, sondern blieb unbeweglich auf seinem Platz, als
sei die Tür gar nicht geöffnet worden. Hätte man doch dieser
Bedienerin, statt sie nach ihrer Laune ihn nutzlos stören zu
lassen, lieber den Befehl gegeben, sein Zimmer täglich zu
reinigen! Einmal am frühen Morgen – ein heftiger Regen,
vielleicht schon ein Zeichen des kommenden Frühjahrs,
schlug an die Scheiben – war Gregor, als die Bedienerin mit
ihren Redensarten wieder begann, derartig erbittert, daß er,
wie zum Angriff, allerdings langsam und hinfällig, sich
gegen sie wendete. Die Bedienerin aber, statt sich zu
fürchten, hob bloß einen in der Nähe der Tür befindlichen
Stuhl hoch empor, und wie sie mit groß geöffnetem Munde
dastand, war ihre Absicht klar, den Mund erst zu schließen,
wenn der Sessel in ihrer Hand auf Gregors Rücken niederschlagen würde. »Also weiter geht es nicht?« fragte sie, als
Gregor sich wieder umdrehte, und stellte den Sessel ruhig in
die Ecke zurück.

Gregor aß nun fast gar nichts mehr. Nur wenn er zufällig

an der vorbereiteten Speise vorüberkam, nahm er zum Spiel
einen Bissen in den Mund, hielt ihn dort stundenlang und
spie ihn dann meist wieder aus. Zuerst dachte er, es sei die
Trauer über den Zustand seines Zimmers, die ihn vom Essen
abhalte, aber gerade mit den Veränderungen des Zimmers
söhnte er sich sehr bald aus. Man hatte sich angewöhnt,
Dinge, die man anderswo nicht unterbringen konnte, in
dieses Zimmer hineinzustellen, und solcher Dinge gab es nun
viele, da man ein Zimmer der Wohnung an drei Zimmerherren* vermietet hatte. Diese ernsten Herren – alle drei
hatten Vollbärte, wie Gregor einmal durch eine Türspalte
feststellte – waren peinlich auf Ordnung, nicht nur in ihrem
Zimmer, sondern, da sie sich nun einmal hier eingemietet
hatten, in der ganzen Wirtschaft, also insbesondere in der
Küche, bedacht. Unnützen oder gar schmutzigen Kram
ertrugen sie nicht. Überdies hatten sie zum größten Teil
ihre eigenen Einrichtungsstücke mitgebracht. Aus diesem
Grunde waren viele Dinge überflüssig geworden, die zwar
nicht verkäuflich waren, die man aber auch nicht wegwerfen
wollte. Alle diese wanderten in Gregors Zimmer. Ebenso
auch die Aschenkiste und die Abfallkiste aus der Küche. Was
nur im Augenblick unbrauchbar war, schleuderte die Bedienerin, die es immer sehr eilig hatte, einfach in Gregors
Zimmer; Gregor sah glücklicherweise meist nur den betreffenden Gegenstand und die Hand, die ihn hielt. Die Bedienerin hatte vielleicht die Absicht, bei Zeit und Gelegenheit
die Dinge wieder zu holen oder alle insgesamt mit einemmal
hinauszuwerfen, tatsächlich aber blieben sie dort liegen,
wohin sie durch den ersten Wurf gekommen waren, wenn
nicht Gregor sich durch das Rumpelzeug wand und es in
Bewegung brachte, zuerst gezwungen, weil kein sonstiger
Platz zum Kriechen frei war, später aber mit wachsendem
Vergnügen, obwohl er nach solchen Wanderungen, zum
Sterben müde und traurig, wieder stundenlang sich nicht
rührte.

Da die Zimmerherren manchmal auch ihr Abendessen zu
Hause im gemeinsamen Wohnzimmer einnahmen, blieb die

Wohnzimmertür an manchen Abenden geschlossen, aber Gregor verzichtete ganz leicht auf das Öffnen der Tür, hatte er doch schon manche Abende, an denen sie geöffnet war, nicht ausgenützt, sondern war, ohne daß es die Familie merkte, im dunkelsten Winkel seines Zimmers gelegen. Einmal aber hatte die Bedienerin die Tür zum Wohnzimmer ein wenig offen gelassen, und sie blieb so offen, auch als die Zimmerherren am Abend eintraten und Licht gemacht wurde. Sie setzten sich oben an den Tisch, wo in früheren Zeiten der Vater, die Mutter und Gregor gegessen hatten, entfalteten die Servietten und nahmen Messer und Gabel in die Hand. Sofort erschien in der Tür die Mutter mit einer Schüssel Fleisch und knapp hinter ihr die Schwester mit einer Schüssel hochgeschichteter Kartoffeln. Das Essen dampfte mit starkem Rauch. Die Zimmerherren beugten sich über die vor sie hingestellten Schüsseln, als wollten sie sie vor dem Essen prüfen, und tatsächlich zerschnitt der, welcher in der Mitte saß und den anderen zwei als Autorität zu gelten schien, ein Stück Fleisch noch auf der Schüssel, offenbar um festzustellen, ob es mürbe genug sei und ob es nicht etwa in die Küche zurückgeschickt werden solle. Er war befriedigt, und Mutter und Schwester, die gespannt zugesehen hatten, begannen aufatmend zu lächeln.

Die Familie selbst aß in der Küche. Trotzdem kam der Vater, ehe er in die Küche ging, in dieses Zimmer herein und machte mit einer einzigen Verbeugung, die Kappe in der Hand, einen Rundgang um den Tisch. Die Zimmerherren erhoben sich sämtlich und murmelten etwas in ihre Bärte. Als sie dann allein waren, aßen sie fast unter vollkommenem Stillschweigen. Sonderbar schien es Gregor, daß man aus allen mannigfachen Geräuschen des Essens immer wieder ihre kauenden Zähne heraushörte, als ob damit Gregor gezeigt werden sollte, daß man Zähne brauche, um zu essen, und daß man auch mit den schönsten zahnlosen Kiefern nichts ausrichten könne.* »Ich habe ja Appetit,« sagte sich Gregor sorgenvoll, »aber nicht auf diese Dinge. Wie sich diese Zimmerherren nähren, und ich komme um!«

Gerade an diesem Abend – Gregor erinnerte sich nicht, während der ganzen Zeit die Violine gehört zu haben – ertönte sie von der Küche her. Die Zimmerherren hatten schon ihr Nachtmahl beendet, der mittlere hatte eine Zeitung hervorgezogen, den zwei anderen je ein Blatt gegeben, und nun lasen sie zurückgelehnt und rauchten. Als die Violine zu spielen begann, wurden sie aufmerksam, erhoben sich und gingen auf den Fußspitzen zur Vorzimmertür, in der sie aneinandergedrängt stehen blieben. Man mußte sie von der Küche aus gehört haben, denn der Vater rief: »Ist den Herren das Spiel vielleicht unangenehm? Es kann sofort eingestellt werden.« »Im Gegenteil,« sagte der mittlere der Herren, »möchte das Fräulein nicht zu uns hereinkommen und hier im Zimmer spielen, wo es doch viel bequemer und gemütlicher ist?« »O bitte,« rief der Vater, als sei er der Violinspieler. Die Herren traten ins Zimmer zurück und warteten. Bald kam der Vater mit dem Notenpult, die Mutter mit den Noten und die Schwester mit der Violine. Die Schwester bereitete alles ruhig zum Spiele vor, die Eltern, die niemals früher Zimmer vermietet hatten und deshalb die Höflichkeit gegen die Zimmerherren übertrieben, wagten gar nicht, sich auf ihre eigenen Sessel zu setzen, der Vater lehnte an der Tür, die rechte Hand zwischen zwei Knöpfe des geschlossenen Livreerockes gesteckt;* die Mutter aber erhielt von einem Herrn einen Sessel angeboten und saß, da sie den Sessel dort ließ, wohin ihn der Herr zufällig gestellt hatte, abseits in einem Winkel.

Die Schwester begann zu spielen; Vater und Mutter verfolgten, jeder von seiner Seite, aufmerksam die Bewegungen ihrer Hände. Gregor hatte, von dem Spiele angezogen, sich ein wenig weiter vorgewagt und war schon mit dem Kopf im Wohnzimmer. Er wunderte sich kaum darüber, daß er in letzter Zeit so wenig Rücksicht auf die andern nahm; früher war diese Rücksichtnahme sein Stolz gewesen. Und dabei hätte er gerade jetzt mehr Grund gehabt, sich zu verstecken, denn infolge des Staubes, der in seinem Zimmer überall lag und bei der kleinsten Bewegung

umherflog, war auch er ganz staubbedeckt; Fäden, Haare,
Speiseüberreste schleppte er auf seinem Rücken und an den
Seiten mit sich herum; seine Gleichgültigkeit gegen alles war
viel zu groß, als daß er sich, wie früher mehrmals während des
Tages, auf den Rücken gelegt und am Teppich gescheuert
hätte. Und trotz dieses Zustandes hatte er keine Scheu,
ein Stück auf dem makellosen Fußboden des Wohnzimmers
vorzurücken.

Allerdings achtete auch niemand auf ihn. Die Familie war
gänzlich vom Violinspiel in Anspruch genommen; die
Zimmerherren dagegen, die zunächst, die Hände in den
Hosentaschen, viel zu nahe hinter dem Notenpult der
Schwester sich aufgestellt hatten, so daß sie alle in die Noten
hätten sehen können, was sicher die Schwester stören mußte,
zogen sich bald unter halblauten Gesprächen mit gesenkten
Köpfen zum Fenster zurück, wo sie, vom Vater besorgt
beobachtet, auch blieben. Es hatte nun wirklich den
überdeutlichen Anschein, als wären sie in ihrer Annahme,
ein schönes oder unterhaltendes Violinspiel zu hören,
enttäuscht, hätten die ganze Vorführung satt und ließen sich
nur aus Höflichkeit noch in ihrer Ruhe stören. Besonders
die Art, wie sie alle aus Nase und Mund den Rauch ihrer
Zigarren in die Höhe bliesen, ließ auf große Nervosität
schließen. Und doch spielte die Schwester so schön. Ihr
Gesicht war zur Seite geneigt, prüfend und traurig folgten
ihre Blicke den Notenzeilen. Gregor kroch noch ein Stück
vorwärts und hielt den Kopf eng an den Boden, um möglicherweise ihren Blicken begegnen zu können. War er ein
Tier, da ihn Musik so ergriff? Ihm war, als zeige sich ihm
der Weg zu der ersehnten unbekannten Nahrung.* Er war
entschlossen, bis zur Schwester vorzudringen, sie am Rock
zu zupfen und ihr dadurch anzudeuten, sie möge doch mit
ihrer Violine in sein Zimmer kommen, denn niemand lohnte
hier das Spiel so, wie er es lohnen wollte. Er wollte sie nicht
mehr aus seinem Zimmer lassen, wenigstens nicht, solange er
lebte; seine Schreckgestalt sollte ihm zum erstenmal nützlich
werden; an allen Türen seines Zimmers wollte er gleichzeitig

sein und den Angreifern entgegenfauchen; die Schwester
aber sollte nicht gezwungen, sondern freiwillig bei ihm
bleiben; sie sollte neben ihm auf dem Kanapee sitzen, das
Ohr zu ihm herunterneigen, und er wollte ihr dann anver-
trauen, daß er die feste Absicht gehabt habe, sie auf das
Konservatorium zu schicken, und daß er dies, wenn nicht das
Unglück dazwischen gekommen wäre, vergangene Weihnachten – Weihnachten war doch wohl schon vorüber?
– allen gesagt hätte, ohne sich um irgendwelche Widerreden
zu kümmern. Nach dieser Erklärung würde die Schwester
in Tränen der Rührung ausbrechen, und Gregor würde sich
bis zu ihrer Achsel erheben und ihren Hals küssen, den sie,
seitdem sie ins Geschäft ging, frei ohne Band oder Kragen
trug.

»Herr Samsa!« rief der mittlere Herr dem Vater zu und
zeigte, ohne ein weiteres Wort zu verlieren, mit dem
Zeigefinger auf den langsam sich vorwärtsbewegenden
Gregor. Die Violine verstummte, der mittlere Zimmerherr
lächelte erst einmal kopfschüttelnd seinen Freunden zu und
sah dann wieder auf Gregor hin. Der Vater schien es für
nötiger zu halten, statt Gregor zu vertreiben, vorerst
die Zimmerherren zu beruhigen, trotzdem diese gar nicht
aufgeregt waren und Gregor sie mehr als das Violinspiel zu
unterhalten schien. Er eilte zu ihnen und suchte sie mit
ausgebreiteten Armen in ihr Zimmer zu drängen und
gleichzeitig mit seinem Körper ihnen den Ausblick auf
Gregor zu nehmen. Sie wurden nun tatsächlich ein wenig
böse, man wußte nicht mehr, ob über das Benehmen des
Vaters oder über die ihnen jetzt aufgehende Erkenntnis,*
ohne es zu wissen, einen solchen Zimmernachbar wie Gregor
besessen zu haben. Sie verlangten vom Vater Erklärungen,
hoben ihrerseits die Arme, zupften unruhig an ihren Bärten
und wichen nur langsam gegen ihr Zimmer zurück. Inzwischen hatte die Schwester die Verlorenheit,* in die sie
nach dem plötzlich abgebrochenen Spiel verfallen war,
überwunden, hatte sich, nachdem sie eine Zeit lang in den
lässig hängenden Händen Violine und Bogen gehalten und

weiter, als spiele sie noch, in die Noten gesehen hatte, mit
einem Male aufgerafft, hatte das Instrument auf den Schoß
der Mutter gelegt, die in Atembeschwerden mit heftig
arbeitenden Lungen noch auf ihrem Sessel saß, und war in
das Nebenzimmer gelaufen, dem sich die Zimmerherren
unter dem Drängen des Vaters schon schneller näherten.
Man sah, wie unter den geübten Händen der Schwester die
Decken und Polster in den Betten in die Höhe flogen und sich
ordneten. Noch ehe die Herren das Zimmer erreicht hatten,
war sie mit dem Aufbetten fertig* und schlüpfte heraus. Der
Vater schien wieder von seinem Eigensinn derartig ergriffen,
daß er jeden Respekt vergaß, den er seinen Mietern immerhin
schuldete. Er drängte nur und drängte, bis schon in der Tür
des Zimmers der mittlere der Herren donnernd mit dem Fuß
aufstampfte und dadurch den Vater zum Stehen brachte. »Ich
erkläre hiermit,« sagte er, hob die Hand und suchte mit den
Blicken auch die Mutter und die Schwester, »daß ich mit
Rücksicht auf die in dieser Wohnung und Familie herr-
schenden widerlichen Verhältnisse – « hiebei spie er kurz
entschlossen auf den Boden – »mein Zimmer augenblicklich
kündige. Ich werde natürlich auch für die Tage, die ich hier
gewohnt habe, nicht das Geringste bezahlen, dagegen werde
ich es mir noch überlegen, ob ich nicht mit irgendwelchen
– glauben Sie mir – sehr leicht zu begründenden Forderungen gegen Sie auftreten werde.« Er schwieg und sah gerade
vor sich hin, als erwarte er etwas. Tatsächlich fielen sofort
seine zwei Freunde mit den Worten ein: »Auch wir kündigen
augenblicklich.« Darauf faßte er die Türklinke und schloß mit
einem Krach die Tür.
   Der Vater wankte mit tastenden Händen zu seinem Sessel
und ließ sich in ihn fallen; es sah aus, als strecke er sich zu
seinem gewöhnlichen Abendschläfchen, aber das starke
Nicken seines wie haltlosen Kopfes zeigte, daß er ganz und
gar nicht schlief. Gregor war die ganze Zeit still auf dem
Platz gelegen, auf dem ihn die Zimmerherren ertappt hatten.
Die Enttäuschung über das Mißlingen seines Planes,
vielleicht aber auch die durch das viele Hungern verursachte

Schwäche machten es ihm unmöglich, sich zu bewegen. Er fürchtete mit einer gewissen Bestimmtheit schon für den nächsten Augenblick einen allgemeinen über ihn sich entladenden Zusammensturz* und wartete. Nicht einmal die Violine schreckte ihn auf, die, unter den zitternden Fingern der Mutter hervor, ihr vom Schoße fiel und einen hallenden Ton von sich gab.

»Liebe Eltern,« sagte die Schwester und schlug zur Einleitung mit der Hand auf den Tisch, »so geht es nicht weiter. Wenn ihr das vielleicht nicht einsehet, ich sehe es ein. Ich will vor diesem Untier* nicht den Namen meines Bruders aussprechen, und sage daher bloß: wir müssen versuchen, es loszuwerden. Wir haben das Menschenmögliche versucht, es zu pflegen und zu dulden, ich glaube, es kann uns niemand den geringsten Vorwurf machen.«

»Sie hat tausendmal Recht,« sagte der Vater für sich. Die Mutter, die noch immer nicht genug Atem finden konnte, fing in die vorgehaltene Hand mit einem irrsinnigen Ausdruck der Augen dumpf zu husten an.

Die Schwester eilte zur Mutter und hielt ihr die Stirn. Der Vater schien durch die Worte der Schwester auf bestimmtere Gedanken gebracht zu sein, hatte sich aufrecht gesetzt, spielte mit seiner Dienermütze zwischen den Tellern, die noch vom Nachtmahl der Zimmerherren her auf dem Tische lagen, und sah bisweilen auf den stillen Gregor hin.

»Wir müssen es loszuwerden suchen,« sagte die Schwester nun ausschließlich zum Vater, denn die Mutter hörte in ihrem Husten nichts, »es bringt euch noch beide um, ich sehe es kommen. Wenn man schon so schwer arbeiten muß, wie wir alle, kann man nicht noch zu Hause diese ewige Quälerei ertragen. Ich kann es auch nicht mehr.« Und sie brach so heftig in Weinen aus, daß ihre Tränen auf das Gesicht der Mutter niederflossen, von dem sie sie mit mechanischen Handbewegungen wischte.

»Kind,« sagte der Vater mitleidig und mit auffallendem Verständnis, »was sollen wir aber tun?«

Die Schwester zuckte nur die Achseln zum Zeichen der

Ratlosigkeit, die sie nun während des Weinens im Gegensatz zu ihrer früheren Sicherheit ergriffen hatte.

»Wenn er uns verstünde,« sagte der Vater halb fragend; die Schwester schüttelte aus dem Weinen heraus heftig die Hand zum Zeichen, daß daran nicht zu denken sei.

»Wenn er uns verstünde,« wiederholte der Vater und nahm durch Schließen der Augen die Überzeugung der Schwester von der Unmöglichkeit dessen in sich auf,* dann wäre vielleicht ein Übereinkommen mit ihm möglich. Aber so –«

»Weg muß es,«* rief die Schwester, »das ist das einzige Mittel, Vater. Du mußt bloß den Gedanken loszuwerden suchen, daß es Gregor ist. Daß wir es solange geglaubt haben, das ist ja unser eigentliches Unglück. Aber wie kann es denn Gregor sein? Wenn es Gregor wäre, er hätte längst eingesehen, daß ein Zusammenleben von Menschen mit einem solchen Tier nicht möglich ist, und wäre freiwillig fortgegangen. Wir hätten dann keinen Bruder, aber könnten weiter leben und sein Andenken in Ehren halten. So aber verfolgt uns dieses Tier, vertreibt die Zimmerherren will offenbar die ganze Wohnung einnehmen und uns auf der Gasse übernachten lassen. Sieh nur, Vater,« schrie sie plötzlich auf, »er fängt schon wieder an!« Und in einem für Gregor gänzlich unverständlichen Schrecken verließ die Schwester sogar die Mutter, stieß sich förmlich von ihrem Sessel ab,* als wollte sie lieber die Mutter opfern, als in Gregors Nähe bleiben, und eilte hinter den Vater, der, lediglich durch ihr Benehmen erregt, auch aufstand und die Arme wie zum Schutze der Schwester vor ihr halb erhob.

Aber Gregor fiel es doch gar nicht ein, irgend jemandem und gar seiner Schwester Angst machen zu wollen. Er hatte bloß angefangen sich umzudrehen, um in sein Zimmer zurückzuwandern, und das nahm sich allerdings auffallend aus*, da er infolge seines leidenden Zustandes bei den schwierigen Umdrehungen mit seinem Kopfe nachhelfen mußte, den er hierbei viele Male hob und gegen den Boden schlug. Er hielt inne und sah sich um. Seine gute Absicht schien erkannt worden zu sein; es war nur ein augenblicklicher

Schrecken gewesen. Nun sahen ihn alle schweigend und traurig an. Die Mutter lag, die Beine ausgestreckt und aneinandergedrückt, in ihrem Sessel, die Augen fielen ihr vor Ermattung fast zu; der Vater und die Schwester saßen nebeneinander, die Schwester hatte ihre Hand um des Vaters Hals gelegt.

»Nun darf ich mich schon vielleicht umdrehen,« dachte Gregor und begann seine Arbeit wieder. Er konnte das Schnaufen der Anstrengung nicht unterdrücken und mußte auch hie und da ausruhen. Im übrigen drängte ihn auch niemand, es war alles ihm selbst überlassen. Als er die Umdrehung vollendet hatte, fing er sofort an, geradeaus zurückzuwandern. Er staunte über die große Entfernung, die ihn von seinem Zimmer trennte, und begriff gar nicht, wie er bei seiner Schwäche vor kurzer Zeit den gleichen Weg, fast ohne es zu merken, zurückgelegt hatte. Immerfort nur auf rasches Kriechen bedacht, achtete er kaum darauf, daß kein Wort, kein Ausruf seiner Familie ihn störte. Erst als er schon in der Tür war, wendete er den Kopf, nicht vollständig, denn er fühlte den Hals steif werden, immerhin sah er noch, daß sich hinter ihm nichts verändert hatte, nur die Schwester war aufgestanden. Sein letzter Blick streifte die Mutter, die nun völlig eingeschlafen war.

Kaum war er innerhalb seines Zimmers, wurde die Tür eiligst zugedrückt, festgeriegelt und versperrt. Über den plötzlichen Lärm hinter sich erschrak Gregor so, daß ihm die Beinchen einknickten. Es war die Schwester, die sich so beeilt hatte. Aufrecht war sie schon da gestanden und hatte gewartet, leichtfüßig war sie dann vorwärtsgesprungen, Gregor hatte sie gar nicht kommen hören, und ein »Endlich!« rief sie den Eltern zu, während sie den Schlüssel im Schloß umdrehte.

»Und jetzt?« fragte sich Gregor und sah sich im Dunkeln um. Er machte bald die Entdeckung, daß er sich nun überhaupt nicht mehr rühren konnte. Er wunderte sich darüber nicht, eher kam es ihm unnatürlich vor, daß er sich bis jetzt tatsächlich mit diesen dünnen Beinchen hatte fortbewegen

können. Im übrigen fühlte er sich verhältnismäßig
behaglich. Er hatte zwar Schmerzen im ganzen Leib, aber
ihm war, als würden sie allmählich schwächer und schwächer
und würden schließlich ganz vergehen. Den verfaulten Apfel
in seinem Rücken und die entzündete Umgebung, die ganz
von weichem Staub bedeckt waren, spürte er schon kaum.
An seine Familie dachte er mit Rührung und Liebe zurück.
Seine Meinung darüber, daß er verschwinden müsse, war
womöglich noch entschiedener, als die seiner Schwester. In
diesem Zustand leeren und friedlichen Nachdenkens blieb er,
bis die Turmuhr die dritte Morgenstunde schlug.* Den
Anfang des allgemeinen Hellerwerdens draußen vor dem
Fenster erlebte er noch. Dann sank sein Kopf ohne seinen
Willen gänzlich nieder, und aus seinen Nüstern strömte sein
letzter Atem schwach hervor.

Als am frühen Morgen die Bedienerin kam – vor lauter
Kraft und Eile schlug sie, wie oft man sie auch schon gebeten
hatte, das zu vermeiden, alle Türen derartig zu, daß in der
ganzen Wohnung von ihrem Kommen an kein ruhiger Schlaf
mehr möglich war –, fand sie bei ihrem gewöhnlichen kurzen
Besuch an Gregor zuerst nichts Besonderes. Sie dachte, er
liege absichtlich so unbeweglich da und spiele den Belei-
digten; sie traute ihm allen möglichen Verstand zu. Weil sie
zufällig den langen Besen in der Hand hielt, suchte sie mit
ihm Gregor von der Tür aus zu kitzeln. Als sich auch da kein
Erfolg zeigte, wurde sie ärgerlich und stieß ein wenig in
Gregor hinein, und erst als sie ihn ohne jeden Widerstand
von seinem Platze geschoben hatte, wurde sie aufmerksam.
Als sie bald den wahren Sachverhalt erkannte, machte sie
große Augen, pfiff vor sich hin, hielt sich aber nicht lange
auf, sondern riß die Tür des Schlafzimmers auf und rief mit
lauter Stimme in das Dunkel hinein: »Sehen Sie nur mal an, es
ist krepiert; da liegt es, ganz und gar krepiert!«

Das Ehepaar Samsa saß im Ehebett aufrecht da und hatte
zu tun, den Schrecken über die Bedienerin zu verwinden,*
ehe es dazu kam, ihre Meldung aufzufassen. Dann aber
stiegen Herr und Frau Samsa, jeder auf seiner Seite, eiligst

aus dem Bett, Herr Samsa warf die Decke über seine Schultern, Frau Samsa kam nur im Nachthemd hervor; so traten sie in Gregors Zimmer. Inzwischen hatte sich auch die Tür des Wohnzimmers geöffnet, in dem Grete seit dem Einzug der Zimmerherren schlief; sie war völlig angezogen als hätte sie gar nicht geschlafen, auch ihr bleiches Gesicht schien das zu beweisen. »Tot?« sagte Frau Samsa und sah fragend zur Bedienerin auf, trotzdem sie doch alles selbst prüfen und sogar ohne Prüfung erkennen konnte. »Das will ich meinen,« sagte die Bedienerin und stieß zum Beweis Gregors Leiche mit dem Besen noch ein großes Stück seitwärts. Frau Samsa machte eine Bewegung, als wolle sie den Besen zurückhalten, tat es aber nicht. »Nun,« sagte Herr Samsa, »jetzt können wir Gott danken.« Er bekreuzte sich, und die drei Frauen folgten seinem Beispiel. Grete, die kein Auge von der Leiche wendete, sagte: »Seht nur, wie mager er war. Er hat ja auch schon so lange Zeit nichts gegessen. So wie die Speisen hereinkamen, sind sie wieder hinausgekommen.« Tatsächlich war Gregors Körper vollständig flach und trocken, man erkannte das eigentlich erst jetzt, da er nicht mehr von den Beinchen gehoben war und auch sonst nichts den Blick ablenkte.

»Komm, Grete, auf ein Weilchen zu uns herein,« sagte Frau Samsa mit einem wehmütigen Lächeln, und Grete ging, nicht ohne nach der Leiche zurückzusehen, hinter den Eltern in das Schlafzimmer. Die Bedienerin schloß die Tür und öffnete gänzlich das Fenster. Trotz des frühen Morgens war der frischen Luft schon etwas Lauigkeit beigemischt. Es war eben schon Ende März.

Aus ihrem Zimmer traten die drei Zimmerherren und sahen sich erstaunt nach ihrem Frühstück um; man hatte sie vergessen. »Wo ist das Frühstück?« fragte der mittlere der Herren mürrisch die Bedienerin. Diese aber legte den Finger an den Mund und winkte dann hastig und schweigend den Herren zu, sie möchten in Gregors Zimmer kommen. Sie kamen auch und standen dann, die Hände in den Taschen ihrer etwas abgenützten Röckchen, in dem nun schon ganz hellen Zimmer um Gregors Leiche herum.

Da öffnete sich die Tür des Schlafzimmers, und Herr Samsa erschien in seiner Livree an einem Arm seine Frau, am anderen seine Tochter. Alle waren ein wenig verweint; Grete drückte bisweilen ihr Gesicht an den Arm des Vaters.

»Verlassen Sie sofort meine Wohnung!« sagte Herr Samsa und zeigte auf die Tür, ohne die Frauen von sich zu lassen. »Wie meinen Sie das?« sagte der mittlere der Herren etwas bestürzt und lächelte süßlich. Die zwei anderen hielten die Hände auf dem Rücken und rieben sie ununterbrochen aneinander, wie in freudiger Erwartung eines großen Streites, der aber für sie günstig ausfallen mußte. »Ich meine es genau so, wie ich es sage,« antwortete Herr Samsa und ging in einer Linie mit seinen zwei Begleiterinnen auf den Zimmerherrn zu. Dieser stand zuerst still da und sah zu Boden, als ob sich die Dinge in seinem Kopf zu einer neuen Ordnung zusammenstellten.* »Dann gehen wir also,« sagte er dann und sah zu Herrn Samsa auf, als verlange er in einer plötzlich ihn überkommenden Demut sogar für diesen Entschluß eine neue Genehmigung.* Herr Samsa nickte ihm bloß mehrmals kurz mit großen Augen zu. Daraufhin ging der Herr tatsächlich sofort mit langen Schritten ins Vorzimmer; seine beiden Freunde hatten schon ein Weilchen lang mit ganz ruhigen Händen aufgehorcht und hüpften ihm jetzt geradezu nach, wie in Angst, Herr Samsa könnte vor ihnen ins Vorzimmer eintreten und die Verbindung mit ihrem Führer stören. Im Vorzimmer nahmen alle drei die Hüte vom Kleiderrechen, zogen ihre Stöcke aus dem Stockbehälter, verbeugten sich stumm und verließen die Wohnung. In einem, wie sich zeigte, gänzlich unbegründeten Mißtrauen trat Herr Samsa mit den zwei Frauen auf den Vorplatz hinaus; an das Geländer gelehnt, sahen sie zu, wie die drei Herren zwar langsam, aber ständig die lange Treppe hinunterstiegen, in jedem Stockwerk in einer bestimmten Biegung des Treppenhauses verschwanden und nach ein paar Augenblicken wieder hervorkamen; je tiefer sie gelangten, desto mehr verlor sich das Interesse der Familie Samsa für sie, und als ihnen entgegen und dann hoch über sie hinweg ein

Fleischergeselle mit der Trage auf dem Kopf in stolzer Haltung heraufstieg, verließ bald Herr Samsa mit den Frauen
das Geländer, und alle kehrten, wie erleichtert, in ihre
Wohnung zurück.

Sie beschlossen, den heutigen Tag zum Ausruhen und
Spazierengehen zu verwenden; sie hatten diese Arbeitsunter-
brechung nicht nur verdient, sie brauchten sie sogar
unbedingt. Und so setzten sie sich zum Tisch und schrieben
drei Entschuldigungsbriefe, Herr Samsa an seine Direktion,
Frau Samsa an ihren Auftraggeber, und Grete an ihren Prin-
zipal. Während des Schreibens kam die Bedienerin herein,
um zu sagen, daß sie fortgehe, denn ihre Morgenarbeit war
beendet. Die drei Schreibenden nickten zuerst bloß, ohne
aufzuschauen, erst als die Bedienerin sich immer noch nicht
entfernen wollte, sah man ärgerlich auf. »Nun?« fragte Herr
Samsa. Die Bedienerin stand lächelnd in der Tür, als habe
sie der Familie ein großes Glück zu melden, werde es aber
nur dann tun, wenn sie gründlich ausgefragt werde. Die fast
aufrechte kleine Straußfeder auf ihrem Hut, über die sich
Herr Samsa schon während ihrer ganzen Dienstzeit ärgerte,
schwankte leicht nach allen Richtungen. »Also was wollen Sie
eigentlich?« fragte Frau Samsa, vor welcher die Bedienerin
noch am meisten Respekt hatte. »Ja,« antwortete die Bedienerin und konnte vor freundlichem Lachen nicht gleich
weiter reden, »also darüber, wie das Zeug von nebenan weg-
geschafft werden soll, müssen Sie sich keine Sorge machen.
Es ist schon in Ordnung.« Frau Samsa und Grete beugten sich
zu ihren Briefen nieder, als wollten sie weiterschreiben; Herr
Samsa, welcher merkte, daß die Bedienerin nun alles ausführlich zu beschreiben anfangen wollte, wehrte dies mit
ausgestreckter Hand entschieden ab. Da sie aber nicht erzählen durfte, erinnerte sie sich an die große Eile, die sie hatte,
rief offenbar beleidigt: »Adjes allseits,« drehte sich wild
um und verließ unter fürchterlichem Türezuschlagen die
Wohnung.

»Abends wird sie entlassen,« sagte Herr Samsa, bekam
aber weder von seiner Frau, noch von seiner Tochter eine

Antwort, denn die Bedienerin schien ihre kaum gewonnene
Ruhe wieder gestört zu haben. Sie erhoben sich, gingen zum
Fenster und blieben dort, sich umschlungen haltend. Herr
Samsa drehte sich in seinem Sessel nach ihnen um und beobachtete sie still ein Weilchen. Dann rief er: »Also kommt
doch her. Laßt schon endlich die alten Sachen. Und nehmt
auch ein wenig Rücksicht auf mich.« Gleich folgten ihm die
Frauen, eilten zu ihm, liebkosten ihn und beendeten rasch
ihre Briefe.

Dann verließen alle drei gemeinschaftlich die Wohnung,
was sie schon seit Monaten nicht getan hatten, und fuhren
mit der Elektrischen ins Freie vor die Stadt. Der Wagen, in
dem sie allein saßen, war ganz von warmer Sonne durch-
schienen. Sie besprachen, bequem auf ihren Sitzen zurückgelehnt, die Aussichten für die Zukunft, und es fand sich,
daß diese bei näherer Betrachtung durchaus nicht schlecht
waren, denn aller drei Anstellungen waren, worüber sie
einander eigentlich noch gar nicht ausgefragt hatten, überaus
günstig und besonders für später vielversprechend. Die
größte augenblickliche Besserung der Lage mußte sich
natürlich leicht durch einen Wohnungswechsel ergeben; sie
wollten nun eine kleinere und billigere, aber besser gelegene
und überhaupt praktischere Wohnung nehmen, als es die
jetzige, noch von Gregor ausgesuchte war. Während sie sich
so unterhielten, fiel es Herrn und Frau Samsa im Anblick
ihrer immer lebhafter werdenden Tochter fast gleichzeitig
ein, wie sie in der letzten Zeit trotz aller Plage, die ihre
Wangen bleich gemacht hatte, zu einem schönen und üppi-
gen Mädchen aufgeblüht war. Stiller werdend und fast
unbewußt durch Blicke sich verständigend, dachten sie
daran, daß es nun Zeit sein werde, auch einen braven Mann
für sie zu suchen. Und es war ihnen wie eine Bestätigung ihrer
neuen Träume und guten Absichten, als am Ziele ihrer Fahrt
die Tochter als erste sich erhob und ihren jungen Körper
dehnte.

NOTES TO THE TEXT

31 **Gregor Samsa:** Kafka often names his central characters in such a way that we are encouraged to see them as
a projection of himself. This may be done prominently
(as Josef K in *Der Prozeß*, or K in *Das Schloß*), or in an
almost private code (e.g. Georg Bendemann in 'Das
Urteil', whose prefix 'Bende' Kafka himself compared
with his own name in a letter to Felice Bauer on 2 June
1913). In connection with *Die Verwandlung*, the author
commented as follows when questioned directly by his
friend Gustav Janouch: 'Der Held der Erzählung heißt
Samsa,' sagte ich. 'Das klingt wie ein Kryptogramm für
Kafka. Fünf Buchstaben hier wie dort. Das S im Worte
Samsa hat dieselbe Stellung wie das K im Worte Kafka.
Das A –' Kafka unterbrach mich. 'Es ist kein Kryptogramm. Samsa ist nicht restlos Kafka. *Die Verwandlung* ist kein Bekenntnis, obwohl es – im gewissen
Sinne – eine Indiskretion ist' (*Gespräche mit Janouch*,
p. 55).

The cautious 'nicht restlos' ('not completely') is a
hint as well as a restriction. The relationship between
author and central character is very well analysed by
John Hibberd in his 'Critical Guide' ('Samsa and
Kafka', pp. 52–64).

aus unruhigen Träumen: 'uneasy dreams'. A slightly unusual phrase, recalling 'unruhiger Schlaf' and 'schlechte Träume'. Although inconspicuous, the phrase is important because it provides a clue (albeit a typically vague one) to Gregor Samsa's state immediately before his present predicament. Kafka described the moment of waking as 'der riskanteste Augenblick im Tag' (*Der Prozeß*, p. 305).

zu einem ungeheueren Ungeziefer: This phrase, which is crucial to the entire story, presents peculiar difficulties of translation, which are characteristic of Kafka's deceptively simple style. 'Ungeheuer' has a range of meanings from 'huge' through 'monstrous' to 'dreadful'. 'Ungeziefer' means 'vermin(ous insects)', is usually understood as plural, and as such refers to a quality (that of being a pest, a nuisance to be eradicated) rather than to an entity which might easily be visualized. Kafka himself insisted that his insect could not be drawn (*Briefe 1902–1924*, p. 136) and the deliberate uncertainty corresponds to the impossibility of Gregor Samsa's having a clear perception of his own external appearance, which can only be painfully established by experience. We as readers are therefore confined to his perspective. This is on the whole true of the narrative perspective throughout (see Introduction). The negative connotations of the word 'Ungeziefer' clearly have important thematic resonance.

Note here also the threefold use of the prefix 'un-'. Kafka's work regularly features patterns of three.

seinen gewölbten . . . Bauch: 'his rounded, brown belly, which was divided into sections, as if by a series of hoops around it.' 'Versteifungen' might refer to the kind of hoops or stiffeners found in a woman's dress.

Menschenzimmer: As it is hard to imagine a room without human connections of one sort or another, this noun is tautological; but it is instrumental in establishing the 'beetle's eye-view' from which Kafka contrives to narrate his story.

das Bild: The curious language in which this picture is described draws our attention to several levels of interpretation and provides a first clue to Gregor's curious mentality. Critics have drawn attention to two possible sources: (1) The picture to which Akaki in Gogol's 'The Coat' is drawn; (2) The figure of Wanda in Leopold von Sacher-Masoch's *Venus in Pelz*.

In Gogol's story the picture which draws Akaki into the position of a 'voyeur' is a woman who is removing her shoe while she is being observed through a half-opened door by a young man with a very large beard. Although this seems to have very little in common with Gregor's picture, Gogol's tale bears a number of other, more obvious, parallels with Kafka's story as a whole. (See Beicken, *Erläuterungen*, pp. 78–82). This parallel may be one of many, in other words, and it may recall the idea of sexual frustration.

The possibility of an allusion to Sacher-Masoch seems far stronger. His *Venus in Pelz*, published in 1870, relates the story of a character – significantly named Gregor – who masochistically submits himself to a woman who comes to enjoy whipping him and who delights in wearing furs. It is clear Kafka's 'Dame' is naked apart from her fur, and her description might well remind us of that of Wanda in *Venus in Pelz*. Kafka's threefold repetition of 'Pelz' would seem to underscore this allusion, while the word 'Samsa' may itself intensify the suggestive power which 'Gregor' obviously holds: 'Samsa' is an anagram of the initial letters of Sacher-Masoch.

This image may prompt several possible interpretations. Is Gregor comparable to Sacher-Masoch's 'Gregor'? In other words, is he a secret masochist? Has he submitted to a sense of self-disgust and turned into the pathetic, spineless creature he may consider himself to be? Or, on the other hand, is he simply a frustrated voyeur? (Note the way in which he later presses himself to this picture for fear his mother and his sister may remove it.) Or, at its simplest level, does the picture simply reflect an earlier desire to become an animal? The woman, at any rate, shows a desire to dress herself up as one.

32 **als im eigentlichen Geschäft zu Hause:** 'than are produced by the transactions which are actually conducted in the main office.'

menschlicher Verkehr: 'human intercourse'. The choice of the noun makes the sexual association possible (Geschlechtsverkehr = sexual intercourse), but much less stridently than the English equivalent.

33 **die Schuld der Eltern:** 'my parents' debt'; but the word 'Schuld' also means 'guilt' in German, and this sort of association is encouraged by the strange context Kafka creates. Similarly, phrases like 'Der Teufel soll das alles holen!' or 'Himmlischer Vater!' or 'Plage' regain a biblical resonance which they have lost in everyday speech. This is obviously intensified by the frequency with which such phrases occur at this point of the story.

'Das sollte ich bei meinem Chef versuchen. . . . Vom Pult hätte er fallen müssen. . . . Dann wird der große Schnitt gemacht': 'My boss would never let me get away with that. . . . That would really have knocked him sideways. . . . That's when I'll make the clean break.' All these phrases suggest habitual thoughts which characterize Gregor and his mundane preoccupations. Their very familiarity and banality are in marked contrast to the situation in which Gregor Samsa 'finds himself'.

Kasten: (Upper German) 'wardrobe'.

Sollte der Wecker nicht geläutet haben?: The first clear-cut example of 'style indirect libre', although there are arguably some earlier instances. This device involves narrating a character's thoughts in the third

person, so that, for instance, the line which soon follows the above: 'Nun ruhig hatte er ja nicht geschlafen', could just as well read ' "nun ruhig habe ich ja
nicht geschlafen" '. This is just one of the devices
Kafka uses to narrate the story in such a way as to give
the reader little or no advantage in point of view over
Gregor Samsa, whilst at the same time discouraging too
great an identification with him.

ohne Rückgrat: 'spineless'; ironical, in that Gregor
Samsa is virtually all 'backbone', and hence cannot
move.

alle Einwände . . . abschneiden: 'cut short any objec-
tions by referring to the insurance company's doctor.'
We are reminded of Kafka's employment with an
insurance company.

34 **das die Worte förmlich . . . zu zerstören:** 'which left his
words clearly discernible for only a moment, before the
reverberation so badly distorted them that. . . .'

schlürfte: (Central German) More commonly
'schlurfen': 'to shuffle'.

35 **der Vorbote einer tüchtigen Verkühlung:** 'the early
symptom of a bad cold.' 'Erkältung' is the commoner
word.

so war es das erste, daß es sich streckte: 'the first thing
that happened was that it went straight'.

36 **Gleichzeitig aber vergaß er nicht, sich zwischendurch
daran zu erinnern:** This formulation plays slightly
upon the two meanings of 'sich erinnern', namely 'to
remember' and 'to remind oneself'. The former is automatic and the other a conscious choice. The point is
that Gregor Samsa's habitual thought processes are
becoming less and less relevant in the new physical context, so that what was once an automatic mental reflex
is now beginning to require conscious effort.

37 **und dann bloß vorsichtig dulden müssen, daß . . .
einen Sinn bekommen würden:** 'and then simply wait
for him to turn himself over on to the floor where with

any luck his little legs would come into their own.' The word 'Sinn' can mean 'meaning' in a more general sense than the purely functional one involved here. In this way there is a sort of punning allusion to the predicament of Gregor Samsa, as well as to that of the readers of *Die Verwandlung*, who are all, figuratively, trying to get their feet back on the ground and understand the 'meaning' of these strange goings on.

in irgendeiner unsinnigen Hoffnung: 'in some kind of absurd hope.' This phrase stands out from the passage in which it occurs because of its suddenly greater urgency. Such sudden changes of pace are a characteristic device of Kafka's and imply glimpses of some larger context which we can grasp only imperfectly and dimly.

38 **samt und sonders Lumpen:** 'without exception a bunch of rogues.'

39 **bis:** (Prague German) 'wenn'.

wie man will, leider oder glücklicherweise: 'fortunately or unfortunately, depending on how you look at it.' The Chief Clerk's speech is characterized by a rather chilling mixture of courtesy, pedantry and implied threats.

40 **sie betraf das Ihnen seit kurzem anvertraute Inkasso:** 'it concerned the job of collecting cash, which has just recently been entrusted to you.'

41 **wohl infolge der im Bett bereits erlangten Übung:** 'presumably as a result of the practice he had already gained in his bed.'

42 **wie es in Wohnungen . . . geschehen ist:** 'as in houses in which a great misfortune has occurred.' This generalizing statement has something of the parable about it.

trotzdem: (Prague German) This is used here (and regularly throughout the text) in the sense of 'obwohl'.

Die Zuversicht . . . getroffen worden waren: 'The confidence and assurance with which the first orders had been given.'

43 **Sessel:** In Prague German this means simply 'a chair', rather than 'an armchair', which is the usual sense.
dafür: 'on the other hand.'
daß er sich zweifellos irgendeinem Schaden zufügte: 'that he must certainly be doing himself some damage.'

44 **und fiel inmitten . . . nieder:** 'and fell to the ground, her skirts spreading out about her.'
sondern lehnte sich . . . Türflügel: 'instead he leaned up against the half of the double door which remained securely fastened.'

45 **nach Beseitigung des Hindernisses:** 'once the problem has been overcome.' 'Officialese' rather than a conversational phrase.
in der Klemme: 'in a jam', 'in a bit of a fix'; slightly out of keeping with the register in the rest of this section and an ironic understatement of Gregor's position.
'Halten Sie im Geschäft meine Partei': 'Put in a good word for me at work.'
ein Heidengeld: 'a fortune.' Prefixing a word with 'Heiden-' often has the effect of a general intensification. e.g. 'ein Heidenspaß'; 'eine Heidenangst'; 'ein Heidenkrach'. In this context such a prefix underlines the religious element.

46 **der in seiner Eigenschaft . . . beirren läßt:** 'who, in his capacity as the firm's proprietor, often makes errors of judgement to the disadvantage of his employees.'
ein Opfer von Klatschereien . . . Beschwerden: victim of gossip, unfortunate coincidences and unfounded complaints.'
die . . . auf ihre Ursachen hin nicht mehr zu durchschauenden Folgen: 'consequences, the original causes of which have long since been obscured'. The particle 'hin' often follows the preposition 'auf' and the accusative to lend force to a particular phrase, as in 'auf die Gefahr hin' ('at the risk of'), 'auf sein Befehl hin' ('at his orders'). In this case, the phrase 'etwas auf etwas hin untersuchen' ('to search or probe something

with a particular aim in view') is implied.

eine geradezu überirdische Erlösung: 'a virtually supernatural deliverance.' Another phrase which stands out from its context by its sudden and strong change of register. 'Überirdische Erlösung' can just as well mean 'Redemption from on High', whilst the use of 'geradezu' ('virtually', 'absolutely') has a strong bathetic effect, because it is so conversational a word. Here too a momentary sense of a larger context coexists unsettlingly with humorous exaggeration.

47 **dieser Damenfreund, sich von ihr lenken lassen:** 'that ladies' man would allow himself to be distracted by her.' Not only Gregor's admiration for his sister's intelligence is suggested here, but also his awareness of her erotic attraction. This motif is developed later in the story.

die endgültige Besserung alles Leidens: This phrase too has celestial overtones, far exceeding the immediate circumstances in which it arises.

schaukelnd vor verhaltener Bewegung: 'the effort of suppressing his own movement making him rock from side to side.'

sinnlos: An odd choice of word which might equally well mean either 'blindly' or 'senselessly, pointlessly'. A further play on the word 'Sinn'.

48 **nahm einen Anlauf:** 'rushed forward.' Note the way in which the sentence structure here reflects the desperate behaviour of the characters.

der Prokurist mußte etwas ahnen: 'the Chief Clerk must have been expecting something like that', but here as often elsewhere, the everyday word 'ahnen' can also be read in a more serious register so as to mean 'must have had dark forebodings'.

in des Vaters Hand: An archaic, biblical form, very striking in this context in which Gregor Samsa fears a 'tödlicher Schlag' from the hand of his father. Overtones of divine retribution are unavoidable.

49   **und so begann er . . . langsam umzudrehen:** This
      rhythmically perfectly controlled assonant parallelism
      expresses the horrifying discrepancy between different
      perspectives or modes of perception with characteristic
      brilliance. It also expresses a common sensation experi-
      enced in dreams.

      einen jetzt wahrhaftig erlösenden starken Stoß: 'a
      powerful push which this time brought about a genuine
      resolution' (i.e. brought Gregor Samsa back into his
      room). 'Wahrhaftig erlösend' plays on the ambiguity
      in 'erlösen' remarked upon above. It is significant that
      the closing passages of the first section of the story see
      an increase in this sort of multivalent phrase.

50   **aus seinem schweren ohnmachtsähnlichen Schlaf:**
      'from his deep, almost comatose sleep.' The beginning
      of the second section obviously parallels the beginning
      of the first and may therefore lead us to expect another
      transformation, possibly back to the original state. In
      this respect the author frustrates our expectations.
      Note that Gregor awakes in darkness and that he feels
      increasingly attracted towards light for the rest of the
      story. He also dies at 'first light'. Elsewhere in Kafka's
      work darkness suggests ignorance or guilt; light sug-
      gests knowledge or truth.

51   **Ende mit Schrecken:** 'a bad end.' This is a set phrase in
      German. In Kafka's context the word 'Schrecken'
      regains the force of 'terror', 'horror', which it no
      longer possesses in the cliché.

52   **Gott . . . er hatte doch nicht wegfliegen können:**
      'he must be here somewhere, he couldn't have flown
      away.' This is one of the few occasions in the main
      body of the text when the 'point of view' changes.
      These words are 'erlebte Rede', taken straight from the
      mind of the sister and are not those of the narrator him-
      self, whose perspective is so very close to that of the
      central figure. Note that the sister too refers to the
      Almighty.

als sei sie bei einem Schwerkranken oder gar bei einem Fremden: 'as if she were visiting someone who was dangerously ill, or even as if she were visiting a stranger.' The 'oder gar' leads us to expect that what follows will be something worse than a seriously ill patient, and we must therefore be surprised by the anticlimactic 'stranger'. Peter Beicken (*Erläuterungen*, p. 27) suggests that the attitude of the sister reveals a wish on her part (to find Gregor dead), but she immediately 'censors' such a desire. Beicken's view would be appropriate if this sentence were narrated from the point of view of the sister, but it is not: we are here back with the narrator himself, and the thought development strikes us as curious. Such uneven features may be attributed to the interruptions and disturbances which Kafka experienced when writing. ('Schade, daß in manchen Stellen der Geschichte deutlich meine Ermüdungs- zustände und sonstige Unterbrechungen und nicht dazugehörige Sorgen eingezeichnet sind, sie hätte gewiß reiner gearbeitet werden können, gerade an den süßen Seiten sieht man das' (*Briefe an Felice*, p. 160).)

53 **Und aus Zartgefühl:** 'And out of a sense of tact.' The curious changes in narrative perspective leave us uncertain as to whether the sister's actions and feelings as reported by the narrator really are what she experiences, or whether Gregor simply attributes many of them to her. As the story develops, we suspect the latter to be the case.

54 **Gewiß . . . aber vielleicht . . . vielleicht . . . denn tatsächlich:** This sentence offers a good illustration of Kafka's so-called 'affirmation–negation' sequences, in which the initial bold statement is qualified to such an extent that we come to doubt the value of its contents.

56 **es selbst zu holen:** 'to fetch it herself.' Although bottled beer was available at the time of writing, it was more common for home drinkers to fill a 'jug' at their local.

The sister's offer to fetch it herself reveals another aspect of her growing self-confidence.

die ganzen Vermögensverhältnisse und Aussichten: 'the complete financial situation and future propects.' This is the first indication that the father is beginning to reassert his position as head of the family.

Wertheimkassa: A sturdy box produced by the Austrian firm of Wertheim (die Kassa/die Cassa – a box or chest for money or documents). The prestigious brand name suggests the father's former secure financial position.

nach Entnahme des Gesuchten: 'after extraction of the required object.' The tone of the story is regularly 'bureaucratic', with a preference for nouns instead of verbs. This often allows the narrator to underplay the emotional aspects of what he is describing.

Kommis: (archaic) 'clerk'. Gregor's immediate rise to power matches the sudden fall of his father.

und dessen Arbeitserfolge . . . verwandelten: 'and whose success in his job immediately transformed itself into cash in the form of commission.' The use of the key verb 'verwandeln' may invite the reader to see Gregor's earlier transformation as an inverse parallel to his present one, while the use of 'fast über Nacht' earlier in this sentence is another reminder of sudden 'overnight' changes of fortune.

We note it was the ability to provide cash which transformed him in the eyes of the family, but we still have no real idea as to what has caused the transformation on this occasion. One of the following sentences suggests that parental resentment may have followed their initial gratitude ('eine besondere Wärme wollte sich nicht mehr ergeben'), which could offer an explanation for Gregor's desire to revert to his former state: usurping the place of his father, the bread-winner, may have led to his self-disgust.

57 **ein allerdings ganz kleines Vermögen . . . hatten
    anwachsen lassen:** 'a fairly small sum . . . which had
    grown a little in the meanwhile since the interest on it
    had not been touched.' From now on the topic of
    money becomes a central one for the family.

58 **der ihre bisherige Lebensweise so sehr zu gönnen war:**
    'whose lifestyle up to this point was so much to be
    approved.' In the light of the description which fol-
    lows, this curious 'aside' is another obvious example of
    Gregor's highly indulgent attitude towards his sister.

59 **das Befreiende, das früher . . . zu schauen:** 'that which
    gave him a sensation of freedom, which he had previ-
    ously gained by gazing out of the window.' Kafka regu-
    larly uses the window as a symbol for hope or escape.

    Charlottenstraße: A common street name, which does
    not restrict the story to any particular town. In general,
    Kafka avoids even street names: none of his works is
    set in a named place. He also avoids dates. The result-
    ing 'timeless, placeless' atmosphere contrasts strangely
    with the realistic details and gives the works a wide field
    of application.

    Türe: A largely outdated form of 'Tür'. The narrator
    takes pains to emphasize that it is only when she enters
    the room that the sister fails to shut the door – she is
    otherwise most careful to close it in order to prevent –
    imagines the narrator – others from seeing Gregor.

    This is one of those moments when the reader is
    particularly encouraged to question the reliability of
    the narrator and to recognize the limited perspective he
    adopts. It becomes clear in the next sentence that Grete
    rushes to the window for fresh air ('als ersticke sie fast')
    and that she must need this because the atmosphere in
    the room is obnoxious. The source of the smell is more
    likely to be Gregor rather than the scraps of old food in
    the room; through being shown the reaction of the sis-
    ter, the reader becomes aware of what the narrator and

the central character both fail to appreciate. We have here, in other words, a particularly subtle use of 'point of view'.

63   **die guten Einwirkungen . . . entbehren:** 'he could not do without the beneficial effects of the furniture on his present condition.' The tone becomes more urgent here, as Gregor's 'erlebte Rede' shows his desperate desire to remain in contact with these reminders of his former human existence.

64   **Vielleicht aber spielte auch der schwärmerische Sinn . . . die Lage Gregors noch schreckenerregender machen zu wollen:** 'But perhaps the wild feelings of girls of her age played their part here too, feelings which like to be indulged on every possible occasion and which now tempted Grete to make Gregor's position even more terrifying, so that she could then do even more for him than she did at present.' The following sentence explains this rather curious speculation: if no one else will dare to enter the room, Grete's tasks will seem even more important, since only she can perform them. From this point onwards Gregor seems less indulgent towards his formerly beloved sister.

65   **wirkte . . . wie ein großer, von allen Seiten genährter Trubel . . . das Ganze nicht lange aushalten werde:** 'produced in him the effect of a great tumult, which grew from all sides, and he had to admit freely that however tightly he pulled in his head and his legs and pressed his body right on to the floor, he would not be able to stand this whole business for long.' In this section of the story sympathy for Gregor rises to a peak.

66   **fiel mit ausgebreiteten Armen . . . über das Kanapee hin:** 'fell with her arms spread out, as if she were giving everything up, on to the sofa.' The mother's gesture (after her cry to the Almighty) may recall the crucifixion. The reference to 'alles' is ambiguous, and the verb here is also, characteristically, in the subjunctive mood.

68 **zu einer Geschäftsreise ausgerückt war:** 'had set off on a business trip.' 'Ausrücken' has specifically military connotations ('to march out'), and the use of the verb here suggests the attitude Gregor adopted towards his job.

daß der Vater ihm gegenüber . . . ansah: 'that as far as he was concerned, his father considered only the greatest degree of severity to be appropriate.' This reminds us, of course, of the father's initial pursuit of Gregor and arouses our expectation of a comparable event.

69 **die hier allerdings . . . verstellt waren:** 'which were of course obstructed with carefully carved items of furniture full of sharp edges and points.'

ein Apfel: The apple is one of the most widely known symbols in literature. To eat an apple is to eat of the 'Tree of Knowledge' (of the Garden of Eden). Kafka here inverts the Bible story, however. Gregor does not eat the fruit, it is flung into his body by his father (who almost has the stature of a divine figure). Gregor is then described as being 'wie festgenagelt', another possible allusion to the Bible (to Christ, who was nailed to the cross). Both H. Binder and P. Beicken draw attention to a comparable image in Kafka's diary sketch of 3 May 1913, in which he sees the married man as fettered in a comparably striking way and with his arms spread out in the form of the cross: 'Der Ehemann ist von einem Pfahl [. . .] von hinten getroffen, niedergeworfen und durchbohrt worden. Auf dem Boden liegend klagt er mit erhobenem Kopf und ausgebreiteten Armen' (*Tagebücher*, p. 304).

The function of these possible allusions is not clear. At one moment Gregor seems to be compared with Adam, shortly thereafter with Christ. In the next section we find a reference to the 'third hour'. Such allusions provoke us into reflection on possible levels of interpretation, but they are not used consistently. What they do achieve is to alert us to the religious dimensions of the text.

70 **in gänzlicher Vereinigung mit ihm:** 'in complete union with him.' The phrase has clear sexual overtones, reinforced by the imagery of the mother's underclothes falling from her as she runs.

blieb . . . als sichtbares Andenken im Fleische sitzen: 'since no one dared to remove it, the apple remained lodged in his flesh as a visible reminder.' Both 'Andenken' and 'Fleisch' seem unduly heavy here, and they possess a slight biblical ring.

wie ein alter Invalide: 'like an old invalid' ('Invalide' can also refer to a disabled soldier). The sudden comparison with a suffering human being forcefully reintroduces the theme of Gregor as mutilated social outcast.

71 **während Mutter und Schwester einander müde zulächelten:** 'while mother and sister smiled wearily at one another.' The accuracy of this naturalistic detail – as observed by the rapidly deteriorating Gregor – seems particularly effectively 'estranged'.

Mit einer Art Eigensinn . . . seine Dieneruniform abzulegen: 'With a kind of stubbornness, the father refused to take off his servant's uniform, even when he was at home.' The use of 'Dieneruniform' (instead of 'Dienstuniform') is slightly unusual and emphasises the lowly position of the father – in contrast to the towering image of authority which that uniform had given him in the previous chapter.

There is no clear reason given for the father's refusal to change his clothes. On the one hand, it would seem he is anxious to preserve his regained sense of dignity, and that this is provided by the uniform. On the other hand, it is suggested in the following lines that a sense of duty to his new superiors is the motivating factor.

72 **aber beim Vater verfing das nicht:** 'but this had no effect on the father.' The detail with which these events

are described encourages us to see the father's refusal to retire to bed as symbolic. Elsewhere in Kafka's work the bed is often a place of truth, or of revelation. (We recall that Gregor's transformation took place in bed.) Here, however, the father's reluctance may be part of his desire to remain in his seat at the head of the family.

Was die Welt von armen Leuten verlangt: 'What the world demands of the poor.' This slightly patronising touch by the narrator has an almost Dickensian ring to it. Dickens was, of course, one of Kafka's favourite authors.

73 **was ihm, auch wenn er keinen Hunger hatte, immerhin gebührte:** 'what was after all his due, even if he was not hungry.' From this point the importance of food – which obviously carries symbolic weight – is frequently suggested. Gregor's 'due' is, perhaps, a form of spiritual sustenance; when he is denied even this, his life loses all significance for him.

74 **Dabei wachte sie . . . ihr vorbehalten blieb:** 'And yet with what was for her a completely new sense of touchiness – which had moreover affected the whole family – she took care that the tidying of Gregor's room was reserved for her alone.' Since the sister's actual efforts to help Gregor are now minimal, her sensitivity here has to be seen as part of her desire to be an important figure in the family – possibly a desire to usurp the position of her mother.

75 **die Schwester . . . dessen überdrüssig geworden war, für Gregor. . . zu sorgen:** 'the sister . . . had become tired of looking after Gregor.'

Mistkäfer: 'dung-fly', 'dung-beetle'. The association with 'Mist' ('dung') gives a further dimension to Gregor's repulsiveness. This is the first occasion on which the concept of a 'beetle' is introduced.

76 **drei Zimmerherren:** 'three gentlemen lodgers.' Kafka's penchant for patterns of three comes out further in this sentence in the threefold recurrence of the word

'Zimmer' (note also the repetition of this word and of
the letter 'z' in the previous sentence – Kafka will commonly cluster consonants or vowels in this way.)

The lodgers' automaton-like behaviour (which may
remind us of Keller's 'drei gerechte Kammacher' or
Dickens' 'four Buffers' in *Our Mutual Friend*) is prin-
cipally a source of comedy. Before every action they
make, it seems they are going to do the opposite. (Critics have suggested Kafka's experience of the Yiddish
theatre may have determined his presentation of these
figures.) The nadir of the family's existence is reached
as these three take over the seats formerly occupied by
the father, the mother and Gregor.

77 **und daß man auch mit den schönsten . . . könne:** 'and
that you could not achieve anything even with the finest
toothless jaws.' Kafka develops the motifs of flesh-
eating and fine teeth in his later story 'Ein Hun-
gerkünstler'. Like Gregor, the hero of that tale fails to
find the right food, dies, and is replaced by a robust
leopard, whose vigour is attributed to his fangs and his
appetite for flesh. The prominence given to this motif
may spring in part from the author's own dislike of meat.

78 **die rechte Hand zwischen . . . gesteckt:** 'his right hand
placed between two buttons of his fastened livery coat.'
Beicken points out the unmistakable 'Napoleonic
pose'. The father adopts an authoritarian posture, despite his otherwise servile attitude towards the lodgers.

79 **Ihm war, als zeige sich ihm . . . Nahrung:** 'It seemed as
if the way to the unknown nourishment he craved was
revealing itself to him.' Suddenly, it seems, the narrator is offering us a clear indication of what Gregor
needs; but the use of the subjunctive, and the ambiguity
of 'Weg' leave us in some doubt.

'Nahrung', and in particular 'Weg', are used in other
works by Kafka and they possess an obvious symbolic
force. Yet what precisely they symbolize is by no means
clear. This method of tempting the reader to deduce

significance is typical of the author, but it is impossible to reduce his images or remarks to a single meaning. By apparently seeking to clarify, Kafka in fact mystifies even further.

80   **die ihnen jetzt aufgehende Erkenntnis:** 'the realization which was beginning to dawn on them.'

die Verlorenheit: 'the vacant state.' This is an unusual usage, but denotes the important stage in the sister's development, from which she emerges as Gregor's implacable opponent.

81   **war sie mit dem Aufbetten fertig:** 'she had finished making the beds.' The prefix 'auf' expresses the shaking and puffing out of European down-filled bedding.

82   **Er fürchtete . . . Zusammensturz:** 'He feared that everything was about to collapse in a combined outburst of aggression directed towards him.'

Untier: 'creature', 'beast.' The prefix 'Un' often has the effect of extreme intensification, frequently, but not necessarily, in a negative sense. (Hence: 'Unmenge', 'lots'; 'Unmensch', 'brute', 'monster'; 'Unsitte', 'bad habit', 'silly, pointless custom'.) The word here recalls the original description of Gregor's new state as an 'ungeheueres Ungeziefer'.

83   **und nahm durch Schließen . . . Unmöglichkeit dessen in sich auf:** 'and indicated by a shutting of the eyes that he was giving due consideration to the sister's conviction that this was quite impossible.'

Weg muss es: 'We've got to get rid of it.' Max Brod changed the 'es' to 'er' in his edition of the complete works and certain later commentators have based their observations on this falsification of the original. The use of the neuter pronoun obviously reflects the sister's new attitude. After his death she reverts to 'er'.

stieß sich förmlich von ihrem Sessel ab: 'literally thrust herself away from (her mother's) chair.'

und das nahm sich allerdings auffallend aus: 'and that did, in fact, create a peculiar impression.'

85   **die dritte Morgenstunde schlug:** 'the third hour struck.'
A heavy phrase, which suggests this may be an allusion – but if so, it is an obscure one. There may be a
biblical echo here, but the timing of the Crucifixion
does not quite fit the details. Christ died 'at the ninth
hour', which is, interestingly, equivalent to 3 p.m. in
modern time. The critical prefix 'Morgen-' rules out
such an indirect allusion. The choice of this hour may,
on the other hand, represent another instance of
Kafka's preference for the number 'three', which is to
be found in numerous other aspects of the story.

Curiously, although Kafka stresses the hour, Gregor
does not actually die at 3 a.m.: the following sentence
suggests he lives just until the break of dawn. After
he dies, in other words, light floods the room. The
description of dawn as 'allgemeines Hellerwerden' is
another unusual phrase. It embraces the notion of 'general enlightenment/understanding'.

**und hatte zu tun, den Schrecken über die Bedienerin zu
verwinden:** 'and had to overcome the shock of the
charwoman's sudden appearance' (i.e. before beginning to take in what its actual import was).

87   **als ob sich die Dinge . . . zusammenstellten:** 'as if the
circumstances (or possibly: 'his thoughts') were
rearranging themselves in his mind into a new order.'
The phrase seems to indicate that quite a radical change
has taken place in the power structure of the Samsa
household, and that Samsa senior has regained complete authority in his own home.

als verlange er . . . eine neue Genehmigung: 'as if a
sudden bout of humility meant that he was seeking
fresh official permission for this decision too.'

SELECT VOCABULARY

The following list omits the 'Grundwortschatz' and gives the meaning of words for their context in Kafka's story alone. (If used in different contexts, meaning is supplied in order of occurrence.) In general, words covered in the notes are not repeated here.

Standard conventions have been followed to indicate plurals, weak nouns, separable and strong verbs. If no plural is indicated after a noun, then it does not normally possess one.

die **Abfallkiste, – n** rubbish bin

ab·geben a,e einen Schwur abgeben to swear an oath

abhanden·kommen, a, o (+ sein) to get lost

ab·husten to clear one's throat (by coughing)

der **Abscheu** revulsion, horror

ab·zahlen to pay off

die **Achsel, – n** shoulder

ächzen to groan

ahnen to have a foreboding of

allerdings indeed, though, to be sure

angebracht fitting, appropriate

die **Angelegenheit, en** affair, business

der **Angreifer, –** aggressor attacker

die **Annahme, n** expectation

die **Anstellung, en** job

an·vertrauen to entrust

die **Anwesenheit** presence

die **Atembeschwerde** difficulty in breathing

ätzen to corrode, burn

auf·blühen (+ sein) to blossom

auf·klären to enlighten, explain

auf·lauern to lie in wait for

auf·lösen to dissolve, loosen, undo

die **Aufmunterung** encouragement

sich aufraffen to pull oneself together
aufrecht upright
sich aufregen to get excited
die **Aufregung** excitement
sich auf·richten to stand erect
der **Auftrag, ⁼e** order
der **Auftraggeber, – employer**
auf·treten, a, e (+ sein) to appear
der **Aufwand, ⁼e** outgoings
ausführlich in detail
aus·harren to stick at something
die **Aussicht, en** prospect
aus·strecken to stretch out

bedacht sein auf to be concerned about
bedächtig thoughtfully, deliberately
das **Bedenken, –** reservations
bedrängen to oppress
das **Bedürfnis, se** need
befriedigen to satisfy
begierig eager, anxious
die **Begleiterin, – nen** female companion
behaglich comfortable, cosy
bei·mischen to mix with
die **Beinreihe, n** row of legs
belassen, ie, a to leave
der **Beleg, e** document
belehren to teach
beleidigen to offend
sich bemühen to try, make an effort
das **Benehmen** conduct, behaviour
die **Beratung, en** discussion
bereuen to regret
berichten to report

die **Berührung, en** contact
beschädigen to damage
die **Beschwerde, – n** complaint
beschwerlich difficult, hard
die **Besinnung** consciousness
die **Besorgnis, se** worry, concern
die **Besprechung, – en** discussion
die **Bestätigung, en** confirmation
bestehen, and, anden to exist
betasten to feel
die **Betrachtung, – en** observation
beurteilen to judge, assess
die **Biegung, en** turn, bend
billigen to approve
sich blähen to blow oneself up
der **Bürgerschüler, –** secondary school pupil (at middle-class school)

dahin·torkeln to stagger
dampfen to steam
dämpfen to tone down
dazwischen·rufen, ie, u to interrupt
der **Degen, –** sword
demütig humble
derartig so, such; in such a way
desto all the . . . (+ comparative)
deuten to interpret
das **Dienstpersonal** servants
das **Donnerwetter** *(fig.)* dressing down, telling off
drohen to threaten

dulden to suffer, put up with

der **Eigensinn** stubbornness
einigemale archaic for *einige Male*
sich **ein·mieten** to rent a room
die **Einöde, n** desert
ein·schränken to cut down, reduce
ein·sperren to lock in
der **Einwand, ̈e** objection
ekelhaft disgusting
die **Elektrische, n** tram
endgültig final
entgegen·fauchen to hiss at
entlassen, ie, a to dismiss
die **Entlassung** dismissal
der **Entschluß, ̈sse** determination, resolve
enttäuschen to disappoint
entzünden to inflame
erfolgen to result from
ergeben devoted
erhaschen to catch
erhorchen to overhear
erlangen to get, gain
erlösen to save, redeem
ermahnen to admonish; exhort
die **Ermahnung, en** exhortation
die **Ermattung** exhaustion
erregen to arouse, cause
ersehnen to yearn for
der **Erstickungsanfall, ̈e** attack of suffocation
ertappen to catch
erwähnen to mention
sich **erweisen** to prove to be
erzeugen to produce
die **Essenz, en** smelling salts

der **Faden, ̈** thread
das **Familienschmuckstück, – e** piece of jewellery which has long been in the family
die **Fassung** composure
das **Fensterblech, e** protective metal on external window-ledge
die **Fensterbrüstung, en** window sill
der **Fensterflügel, –** window pane/panel
fest·riegeln to bolt
der **Fetzen, –** rag
die **Forderung, en** claim, demand
förmlich literally
fort·wirken to continue

das **Gebot, e** commandment, law
gefährden to endanger
das **Geländer, –** railing
gelingen, a, u (+ sein) to succeed
genügen to suffice
gering: im geringsten in the slightest
gestatten to permit
sich **getrauen** to dare
die **Gewalttat, en** violent act
der **Gewissensbiß, sse** pang of conscience
gewölbt domed, curved
gierig greedy
das **Gleichgewicht** balance
gönnen to grant, allow; not to begrudge
günstig favourable
die **Güte** kindness

der **Handelsakademiker, –**

student at a college of
commerce
hartnäckig stubborn
heikel tender
hinaus·schaffen to
remove, get rid of
hinken to limp
hin·strecken to stretch out
hinüber·lugen to peer over
hoch·schichten to stack,
pile high
das **Hörensagen** hearsay

das **Jucken** itching

der **Kälteschauer,** – cold
shiver
das **Kanapee, s** settee
die **Kassiererin, nen** cashier
der **Kiefer,** – jaw
kitzeln to tickle
die **Klatscherei, en** malicious
gossip
der **Klebstoff** sticky substance
der **Knäuel,** – ball
kniefällig on one's knees
das **Konservatorium, ien**
conservatory
der **Kram** junk
die **Kredenz, en** sideboard
krepieren *(slang)* to die,
'kick the bucket'
der **Krückstock,** ¨e walking
stick
der **Kübel,** – bucket

der **Lackstiefel,** – patent-
leather boot
die **Laubsäge, n** fretsaw
die **Laubsägearbeit** fretwork
die **Lauigkeit** slight warmth
leichtfüßig light-footed

das **Leiden,** – suffering
die **Lektüre, n** reading
liebkosen to caress
die **Linie, n** line
die **Livree, n** uniform, livery

makellos spotless,
immaculate
das **Mißlingen** failure
mürbe tender
die **Musterkollektion, en**
collection of samples

die **Nahrung** food,
nourishment
das **Nähzeug** sewing materials
der **Napf,** ¨e bowl
der **Narr, en** fool
die **Narrheit, en** foolish
thought
närrisch crazy, insane
neigen to incline
das **Notenpult, e** music stand
die **Notenzeile, n** line of
music
der **Notfall** case of need
die **Nüster, n** nostril

die **Peinlichkeit**
embarrassment
Pelz- (as prefix) of fur
das **Pelzwerk** furs
piepsen to squeak
der **Plafond, s** ceiling
die **Plage, n** burden, plague
der **Prokurist, en** chief clerk
die **Provision** commission
prüfen to test

die **Quälerei, en** torment,
torture

ragen to stick out

der **Rahmen, –** frame

die **Ratlosigkeit** being at a loss at what to do

die **Redensart, en** expression, phrase

regelrecht *(fig., slang)* 'positively'

die **Riesengröße** enormous size

die **Rosine, n** raisin

die **Rückenlage, n** position of lying on one's back

die **Rückenlehne, n** back (of chair)

das **Rückgrat, e** backbone

der **Rückwärtslauf** running backwards

ruckweise in jerks

das **Rumpelzeug** junk, bits and pieces

der **Rundgang, ⸚e** walk around

der **Sachverständige** *(adj. noun)* expert

sämtlich all

sausen to whistle

die **Scham** feeling of shame

schaukeln to rock

die **Scheibe, n** pane (of glass)

die **Scheitelfrisur** hairstyle with clear parting

scheuern to rub, scrape

die **Schläfrigkeit** sleepiness

schleudern to throw, hurl

schluchzen to weep, sob

das **Schmeichelwort, e** flattering word

der **Schmutzstreifen, –** streak of dirt

schnaufen to snort

schonen to spare

die **Schonung** sparing

die **Schreckgestalt, en** frightening figure

die **Schüssel, –** dish

schütteln to shake

schwenken to wave, brandish

die **Schwerhörigkeit** poor hearing

der **Schwindelanfall, ⸚e** attack of giddiness

schwirren to whirr

der **Schwur, ⸚e** oath

die **Sehkraft** sight, power of vision

die **Selbstüberwindung** self-control

der **Selbstvorwurf, ⸚e** self-reproach

soeben just that moment

das **Sopha** archaic for *das Sofa*

die **Soße, n** sauce

die **Spalte, n** crack

der **Speiseüberrest, e** remnants of food

starrköpfig stubborn

der **Starrsinn** stubbornness

staunen to be astonished

der **Stockbehälter –** umbrella stand

stolpern to stumble

sich **sträuben** to stand on end

die **Straußfeder, n** ostrich feather

stumm silent

die **Tapete, n** wallpaper

tasten to grope, feel for

tauchen to dip, plunge into

die **Trage, n** basket
das **Treppenhaus, ̈er** stairwell
der **Trotz** defiance
die **Türklinke, n** door handle
die **Türspalte, n** crack
  between door and its
  frame
  tuscheln to whisper

das **Überbleibsel, –** the
  remains
  überdrüssig fed up with
  überirdisch supernatural
  überschüssig superfluous
  über·siedeln (+ sein) to
  move
die **Übersiedlung, en** move
  überwinden, a u to overcome
  überzeugen to convince
die **Überzeugung, en**
  conviction
der **Überzieher, –** overcoat
die **Übung, en** practice
die **Umdrehung, en** turn
der **Umfang** size
die **Umgebung, en** vicinity
der **Umstand, ̈e** circum-
  stance
  umständlich troublesome
  umwehen to come over
die **Unannehmlichkeit, en**
  unpleasantness
  unauffindbar lost
  unbedingt without fail
  unbefriedigend unsatis-
  factory
  undurchführbar impossible to carry out
  unentbehrlich indispen-
  sable
  unerbittlich relentless

ungenießbar inedible
unmittelbar immediate,
  direct
unnütz useless
unterlassen, ie, a to
  refrain from doing
unweigerlich undeniable
das **Unwohlsein** indisposition
unzugänglich
  unapproachable
üppig well-rounded
die **Ursache, n** the cause
ursprünglich original

die **Veranlassung, en** the
  cause
die **Verfassung** state of mind
verfaulen to rot
vergebens in vain
die **Vergünstigung, en** favour
verhüllen to hide
verkosten to taste
vermeiden, ie, ie to avoid
die **Vermögensverhältnisse**
  (pl.) financial situation
das **Versäumnis** absence,
  failure to appear
verschaffen to procure
verschnaufen to snort,
  catch one's breath
verschonen to spare
verschütten to spill
versehen, a, e to provide
  with
verstummen to fall silent
vertauschen to exchange
das **Vertrauen** confidence
vertreiben, ie, ie to drive
  off
verursachen to cause
verurteilen to condemn
verwandeln to change into

die **Verwandlung, en** change, metamorphosis

verzehren to consume, eat

die **Voraussicht** foresight

voraussichtlich as far as can/could be foreseen

vorbehalten, ie, a to reserve

der **Vorgesetzte, n, n** superior

vorläufig for the time being

das **Vormerkbuch, ⸚er** notebook

der **Vorplatz, ⸚e** landing

sich **vorwagen** to venture forward

der **Vorwurf, ⸚e** reproach

wagen to dare

wahrheitsgetreu truthful

wanken (+ sein) to stagger

der **Wecker, –** alarm clock

weg·schaffen to remove, get rid of

wehmütig melancholy

sich **wehren** to defend oneself

sich **weigern** to refuse

der **Weinkrampf, ⸚e** fit of weeping

weiter·schleppen to drag further along

wenden to turn

die **Wendung, en** turning

widerlich disgusting

der **Widerwillen** disgust

die **Willkür** chaos

der **Winkel, –** corner

die **Wohltat, en** blessing

wund·reiben to injure through rubbing

zappeln to wriggle, struggle

das **Zeichen, –** sign

zeitraubend time-consuming

zerschneiden, itt, itten to cut up

die **Zerstreutheit** absent-mindedness

die **Zerstreuung, en** amusement, distraction

das **Ziel, e** destination

das **Zischen** hissing

der **Zischlaut, e** hiss

zucken to twitch, tremble; shrug

die **Zufälligkeit, en** coincidence

die **Zufriedenheit** contentment

zu·fügen to inflict

der **Zuganschluß, ⸚sse** train connection

die **Zugluft** draught

zupfen to pull at

der **Zuruf, e** cry, call

der **Zusammenbruch, ⸚e** collapse

zusammen·rücken (+ sein) to move closer together

die **Zusprache, n** encouragement, persuasion

zu·trauen to ascribe to, credit with

die **Zuversicht** confidence

die **Zwischenzeit** the meanwhile